마운틴 하우스

산에 사는 사람들
그들은 왜 산으로 가는가

디나 프루덴버거 지음 | 도유연 옮김
크리스 모탈리나 사진

한길사

MOUNTAIN HOUSE: STUDIES IN ELEVATED DESIGN

Copyright © 2023 by Nina Freudenberger
Photographs copyright © 2023 by Chris Mottalini
All rights reserved.
This Korean edition was published by Hangilsa Publishing Co., Ltd.
in 2025 by arrangement with Clarkson Potter/Publishers, an imprint of the
Crown Publishing Group, a division of Penguin Random House LLC through
KCC(Korea Copyright Center Inc.), Seoul.

이 책은 (주)한국저작권센터(KCC)를 통한 저작권자와의 독점계약으로
한길사에서 출간되었습니다. 저작권법에 의해 한국 내에서 보호를 받는
저작물이므로 무단전재와 복제를 금합니다.

줄리안, 울프,
그리고 마이크를 위하여

마운틴 하우스

산은 낭만과 신비함이 가득한 장소이자 회복력과 장엄함의 상징이다	9
그들은 왜 산을 선택했을까	10

폐허 위에 지은 집, 카사 라슬레이 | 디노 피콜로와 알레한드라 라우퍼
스위스, 온제르노네 계곡   14

샌 가브리엘의 협곡 오두막 | 앤 그리고 앤서니 루소
미국 캘리포니아, 빅 산타 아니타 캐니언   32

사막 정원이 감싼 흙집 | 미셸 피크말
모로코, 하이아틀라스산맥   46

절벽 위 피난처, 빌알시나 | 세르지우 페르난드스
포르투갈, 카미냐   66

꿈과 함께 자라는 집 | 브라이언 퍼시코와과 해나 해워스
미국 뉴욕, 윈덤   80

티롤의 전초 기지 | 마리엘라 그리고 뤼트허르 반 데르 제에
오스트리아, 마이어호펜   96

집은 언젠가 땅으로 돌아간다 | 조병수와 김은실
대한민국, 양평   108

산타 카타리나의 고고학 유적지 | 에마뉘엘 피코
멕시코, 테포스테코산맥   120

알프스에 깃든 모더니즘 | 페르네트 페리앙과 자크 바르삭
프랑스, 메리벨   136

숲속에서의 끝없는 전쟁, 브로조 | 찰스 드릴과 랄프 데니스
미국 캘리포니아, 소노마 카운티   152

깊은 숲속의 농장 | 마리나 아카야바 그리고 후안 로센베르그
브라질, 카투사바   168

60년을 함께한 벽난로 | 가브리엘과 그웬 페이건
남아프리카공화국, 케이프타운

얼음과 불 사이, 노팔선인장의 집 | 호세 다빌라
멕시코, 산 가브리엘

도예가의 베이스캠프, 바다 캠프 A | 이헌정
대한민국, 양평   206

니에메예르를 재조명하다 | 아드리아나 바레장과 페드루 부아르케
브라질, 리우데자네이루   218

자연이 만든 예술, 요하네스달 빌라 | 다네 에르위와 크리스 윌렘스
남아프리카공화국, 케이프와인랜드   232

여러 겹의 시간 위에 선 둑 위의 집 | 피오나 매카이
미국 뉴욕, 스톤리지   248

엥가딘 계곡의 제비 집 | 노트 비탈
스위스, 센트   264

공동체의 유산을 복원하다, 미니와와 | 크리스티아나 마브로마티스와 스콧 아널드
미국 뉴욕, 온테오라 공원   282

파타고니아의 은신처 | 프란시스 말만
아르헨티나, 라플라타 호수   296

모호함의 즐거움, 달의 집 | 마우리시오 페소와 소피아 본 에릭사우셴
칠레, 융가이   310

5대륙 12개국의 특별한 보금자리 이야기 | 감사의 말   328
미완의 집, 완전한 삶: 산과 함께 살아가는 법 | 옮긴이의 말   332

* 일러두기
독자의 이해를 돕기 위해 옮긴이가 각주를 넣고 *로 표시했다.

산은 낭만과 신비함이 가득한 장소이자 회복력과 장엄함의 상징이다

아사드 시르케트 Asad Syrkett
디자인 에디터

산은 종종 장애물로 묘사됩니다. 우리는 어려운 목표를 이루었을 때 "산을 옮겼다"고 말하고, 아무리 노력해도 성과가 없을 때는 고대 그리스 신화 속 시시포스처럼 "산 위로 바위를 밀어 올리는" 심정이라고 하죠.

하지만 다른 한편으로, 문학과 영화, 음악 전반에서, 종교적 경전에서부터 대중음악에 이르기까지, 산은 낭만과 신비함이 가득한 장소이자 회복력과 장엄함의 상징으로도 그려집니다.

이제 우리는 산에 대한 경이로운 서사들에 더해 여기에 또 하나의 이야기를 보탤 수 있게 되었습니다. 바로 이 책에 담긴, 산 정상과 비탈에 지어진 특별한 집들 이야기입니다. 마치 '산' 그 자체처럼, 이 집들 또한 그 속에 담긴 수많은 노력과 헌신을 더욱 돋보이게 만드는 아름다움을 품고 있습니다. 땀방울이야말로 그 모든 것을 가능하게 한 핵심이었고, 바로 그 땀이 이 책의 본질이기도 합니다.

스타일과 규모가 각기 다른 이 집들을 하나로 묶는 공통점이 있다면, 그것은 고지대에서의 삶이 요구하는 도전 속에서도 지속적으로 이어지는 삶의 태도입니다. 만약 인간이 자연을 지배하려 하지 않고, 그 흐름에 순응하며 살아간다면 어떤 일이 벌어질까요? 그 결과는 훨씬 더 흥미롭고, 때로는 마법처럼 경이로울 것입니다.

내가 그랬던 것처럼, 독자 여러분도 이 책을 통해 가장 극적인 자연환경 속에서 자신만의 방식으로 삶을 디자인한다는 것이 무엇을 의미하는지 새롭게 느껴보시길 바랍니다.

그들은 왜 산을 선택했을까

인테리어 디자이너인 나는 사람들이 '어떻게 살아가는지'뿐만 아니라 '어디에', 그리고 '왜 그곳을 선택하는지'에 오랜 관심을 가져왔다. 이러한 호기심은 나를 첫 번째 책 『서프 샥』*Surf Shack*에서는 세계 곳곳의 서핑 명소로, 두 번째 책 『예술가의 서재』*Bibliostyle*에서는 전 세계에서 가장 흥미롭고 방대한 규모의 개인 서재들로 이끌었다. 도시에 살면서 가족과 함께 여행하는 삶을 살아온 나는 자연스럽게 고도高度에 자리한 집들, 이른바 '마운틴 하우스' Mountain House에 마음이 향했다.

'마운틴 하우스'를 무엇으로 정의할 수 있을까. 아마도 당신은 소나무 숲으로 둘러싸인 아기자기한 목조 오두막이나, 굴뚝에서 연기가 피어오르는 돌집을 떠올릴지도 모른다. 하지만 나는 사진작가 크리스 모탈리니Chris Motalini와 작가 마이클 스나이더Michael Snyder와 함께 이 프로젝트를 진행하면서, 산과 함께 살아가고, 산의 풍경에 조화를 이루며 집을 짓는 방법이 얼마나 다양한지 깨닫게 되었다. '마운틴 하우스'는 어떤 사람들에게는 단순한 도피를 의미하지 않는다. 여기 소개된 집들 가운데는 누군가의 '온전한 보금자리'인 곳도 있었고, 어떤 집은 산속이 아닌 도시 한복판에 위치하기도 했다.

사실 인류는 이 땅에 존재해온 만큼 오랜 시간 동안 산과 함께 살아왔다. 약 5만 년 동안, 우리의 선조들은 해발 3,000미터 이상 높이 있는 바위 아래를 피난처로 삼았으며, 수많은 고대의 신이 산속에 존재한다고 생각했다. 종교적 수행자, 게릴라 전사, 정치적 망명자들이 외부의 시선과 지배로부터 벗어나기 위해 산을 찾아왔다. 그들은 가파른 절벽 위에 스투파stupa와 수도원을 지었고, 산 아래 권력자들의 영향이 미치지 않는 산속 깊은 곳에 대안적 사회를 구축했다. 오늘날에도 지구상에서 생물학적·문화적·언어적으로 가장 다양한 장소 중 상당수가 산악 지대라는 사실은 결코 우연이 아니다. 때로는 위협적이기까지 한 산의 풍경은 우리에게 경외감을 불러일으키는 동

찰스 드릴의 소노마 카운티 통나무집에는 재스퍼 모리슨의 '생각하는 사람을 위한 의자'가 재생 삼나무로 만든 일본식 욕조 옆에 놓여 있다.

시에 우리가 얼마나 작은 존재인지를 상기시킨다. 그렇기에 산은 어쩌면 진정 신성한 존재다.

이 책에 소개된 대부분의 집은 그러한 '은둔'의 전통에 닿아 있다. 현재 전 세계에 살고 있는 80억 인구 중 절반 이상이 도시에 살고 있고, 많은 사람에게 자연은 점점 더 멀어지고 있는 대상이다. 그리움과 동경의 눈길이 자연을 향하는 오늘, 이 책 속의 집들은 다채로운 방식으로 자연을 다시 삶 가까이 불러들인다. 어떤 집들은 집터에서 직접 구한 돌과 목재 같은 유기적 재료를 조달해 자연을 더욱 가깝게 느낄 수 있도록 디자인되었다. 또 어떤 집들은 벽을 다공성 구조로 만들거나, 의도적으로 문과 창문을 없애고 바깥 풍경을 실내로 들였다. 또 어떤 집은 도시 거주자에게는 급진적이지만 자연과 가까운 사람들에게는 매우 논리적일 수 있는 생각, 즉 모든 것은 언젠가 땅으로 돌아간다는 믿음을 건축에 담아 언젠가 산의 일부로 돌아갈 것을 전제로 설계되었다.

이 책은 단지 가장 높은 곳, 가장 외진 곳에 있는 집을 찾는 것이 목적이 아니었다. 물론, 일부 집은 산속 깊이 자리 잡고 있거나 접근하기 어려웠다. 하지만 우리가 더욱 중요하게 여긴 것은 각 집이 주변의 자연환경과 어떻게 연결되고, 그 환경을 어떻게 담아내고 있는지였다. 더 나아가, 시간이 흐르며 자연이 어떻게 그 안에서 살아가는 사람들의 삶을 변화시키는지 살펴보려 했다.

이 여정을 위해 우리는 1년간 5대륙, 12개국을 방문했다. 예술가, 건축가, 요리사, 디자이너, 작가, 영화 제작자 들을 만났고 그들의 집을 경험했다. 모두가 다른 방식으로 살고 있었고, 그들의 집도 각기 개성이 달랐다. 어떤 집은 과감하게 디자인된 반면 어떤 집은 전통을 따랐다. 또 어떤 집은 역사적 가치를 지닌 반면 어떤 집은 이제 막 완성된 상태에 가까웠다. 몇몇 집은 외딴곳에 홀로 서 있었지만, 대부분은 가족과 공동체를 위해 설계되었다. 그러나 모든 집에는 공통적으로 창의성과 주변 환경과의 조화 그리고 저마다의 방식으로 빚어낸 아름다움이 깃들어 있었다.

팬데믹의 시간 동안, 나 역시 많은 이와 마찬가지로 자연 속에서 나만의 작은 공간과 시간을 꿈꾸었고 더 넓은 세상을 탐험하고 싶다는 갈망을 느꼈다. 그리고 최근 들어서는 끊임없이 이어지는 디지털 연결 상태에서 벗어나고자 하는 바람이 더욱 강해졌다. 기술 중심 사회가 낳은 가장 큰 역기능 가운데 하나는, '언제나 접속된 상태'로 살아가야 한다는 강박일지도 모른다. 하지만 이러한 생각들은 시골에서조차 실현하기 어려운 낭만적인 공상일 뿐이다. 파타고니아의 오지에서도 인터넷은 연결되었고, 오스트리아 티롤Tyrol의 정상에서도 휴대전화는 작동했다. 하지만 그 모든 디지털 소음에서 한 발짝 떨어져, 끝없이 펼쳐진 자연 앞에 설 때 느끼는 거리감은 여전히 실존적이다. 이토록 거대한 세상 속에서, 정말로 '긴급한' 일은 그리 많지 않기 때문이다.

폐허 위에 지은 집, 카사 라슬레이

디노 피콜로와 알레한드라 라우피
스위스, 온제르노네 계곡

◀ 디노와 알레한드라가 처음 이 집을 발견했을 때는 이 집의 절반 정도가 폐허였다. 두 사람은 가능한 한 원래 구조물을 그대로 보존하면서 작업을 진행했다.

▶ 계곡 너머 북쪽으로 향한 경사면을 조망할 수 있는 포장된 안뜰은 18세기의 소박한 매력을 그대로 간직하고 있다.

스위스 작가 막스 프리슈Max Frisch는 1964년, 파란만장한 삶의 3분의 2 지점을 지나고 있던 때에 알프스의 가파른 산비탈에 자리한 작은 마을 베르조나Berzona에 소박한 석조 주택을 구입했다. 이탈리아어를 사용하는 스위스 남부 티치노Ticino주의 깊숙한 곳에 위치한 온제르노네 계곡Onsernone Valley에 자리 잡고 있는 베르조나는 울창한 숲으로 둘러싸인 험준한 지형과 작은 화강암이 포진한 척박한 땅이었다.

약 13세기부터 이곳에 사람들이 정착해서 살기 시작한 것으로 기록이 남아 있는데, 당시 사람들은 농업, 목축업, 목재 가공 및 곡물 제분, 밀짚 공예, 밀수업 등으로 생계를 유지했다. 그러나 20세기에 들어서면서, 밀짚 산업이 쇠퇴하자 이 계곡은 독일어권 지식인들 사이에서 은둔지로 주목받기 시작했다. 다다이즘과 초현실주의 운동의 선구자인 막스 에른스트Max Ernst가 먼저 이곳에 정착했고 이후 막스 프리슈가 찾아와 그의 후기 대표작 『홀로세 기간의 인간』Man in the Holocene의 배경으로 이 지방의 가파른 언덕과 짙은 안개를 묘사했다. 1979년에 출간된 이 책은 한 외로운 은둔자(아마도 프리슈 자신의 이야기일 것이다)가 이름 없는 한 산골짜기에서 산사태가 발생해 외부와 단절된 채 며칠을 보내면서 인간 존재의 불안정함을 사유하는 내용이다.

소설의 끝자락에서 프리슈는 이렇게 썼다.

"자연은 이름을 필요로 하지 않는다. 바위는 인간의 기억을 필요로 하지 않는다."

프리슈가 묘사한 온제르노네 계곡은 아름다우면서도 이질적인 공간이었다. 이곳은 시간 속에 묻힌 장소가 아니라 오히려 그것에 무관심한 불멸의 공간이었다.

취리히 출신 그래픽 디자이너 알레한드라 라우퍼Alejandra Lauper가 온제르노네 계곡을 처음 접한 것은 15세 때 막스 프리슈의 글을 통해서였다.

◀ 산화 처리된 강철 기둥이 기존의
　적층 석재 굴뚝 일부를 떠받치고 있다.

　　알레한드라는 이렇게 회상한다.
　　"프리슈의 글을 읽고 나서 '반드시 이곳에 가봐야겠다'고 생각했던 기억이 납니다."
　　알레한드라는 1994년 처음으로 온제르노네 계곡을 방문했고, 2000년대 초반, 남편 디노 피콜로Dino Piccolo와 함께 이곳을 여름 휴가지로 선택했다. 그때 부부는 베르조나에 위치한 18세기 팔라초palazzo를 빌렸다. 18~19세기에 이탈리아와 프랑스에서 재산을 모은 지역 주민들이 지은 저택 중 하나였다. 디노는 마조레 호수Lago Maggiore에서 이어지는 좁고 가파른 산길을 따라 올라가던 순간을 생생하게 기억한다. 손에 땀을 쥐게 할 만큼 가파른 고갯길마다 마을이 하나둘씩 모습을 드러냈고, 순백의 시계탑들이 밤나무, 참나무, 오리나무, 라임나무로 둘러싸인 숲속에서 마치 벌거벗은 나무줄기처럼 솟아 있었다.
　　디노는 이렇게 말한다.
　　"정말 장관이었어요. 첫눈에 반했죠."
　　그후 몇 년 동안 부부는 어린 두 자녀와 함께 해마다 베르조나를 찾았다. 1930년대부터 여름휴가를 위해 이곳을 찾아온 작가, 화가, 디자이너, 건축가 등으로 구성된 지식인 공동체의 일원이 되었다. 마침내 부부는 이곳에 자신들만의 집을 짓기로 결심했다. 첫 시도로 빈 땅을 매입하고 바젤에 본사를 둔 건축회사 부흐너 브륀들러Buchner Bründler의 파트너인 다니엘 부흐너Daniel Buchner에게 설계를 의뢰했다. 디노는 "거대한 바위처럼 보이는" 브루탈리즘* 양식의 모놀리스monolith, 즉 단일 구조물 건축물을 원했지만 이 지방의 역사와 주변 분위기에 어울리지 않게 너무 현대적이라는 지역 주민들의 거센 반대에 부딪혔다. 그는 결국 이 지역에 집을 짓는 계획을 포기했다.
　　그러나 온제르노네 계곡에 자신들만의 집을 마련하겠다는 꿈을 버릴 수 없었던 부부는 새로운 건축이 아닌 기존의 오래된 집을 찾아 좀더 조용하게 그 꿈을 실현하기로 했다.

---

*　1950년대에서 70년대에 유행한 건축 양식으로, 노출된 콘크리트와 같은 거친 재료를 사용해 단순한 형태의 디자인을 추구한다.

◀ 콘크리트 돔의 좁은 원형 천창(oculus)을 통해 하늘이 보이고, 장작불로 데우는 시멘트 욕조가 놓여 있다.

▷ 건축가들은 벽의 깨진 석고와 노출된 나무 기둥에 시간의 흔적을 가능한 한 그대로 남겨두려고 했다.

▶ 세 개의 작은 창문과 함께 검은색으로 칠해진 부부 침실은 마치 카메라 옵스큐라처럼 느껴진다. "이 방에 들어서는 것은 하나의 예술적 사건과 같은 경험"이라고 디노는 말한다.

2012년 부부는 마침내 그들이 원하던 폐가를 발견했다. 약 7만 제곱미터 규모의 땅 위에 자리 잡은 허름한 농가였는데, 대부분의 부지는 빽빽한 숲을 가로질러 빙하수가 흐르는 이소르노강 Isorno River까지 이어져 있었다. 이전에 한 노인이 이 농가를 소유하고 있었지만, 약 7년 전부터 사실상 방치한 상태였다. 알레한드라와 디노가 처음 이곳을 방문했을 때, 빈 병들이 산처럼 쌓여 있었고 오래된 신문들은 서로 엉겨 붙어 마치 콘크리트 블록처럼 단단해져 있었다. 집을 매입한 후 부부는 계곡에서 유일하게 화물을 실어 나를 수 있는 운송 수단인 헬리콥터를 이용해 무려 11톤의 쓰레기를 치우는 데만 꼬박 2주를 보냈다.

그럼에도 불구하고, 이 집 자체는 경이로울 정도로 매력적이었다. 이전 주인은 두 개의 공간을 부엌으로 사용했다. 하나는 여름용으로 시원한 1층에 있었고, 겨울 부엌은 2층에 위치해 알프스의 햇빛을 받을 수 있는 곳이었다. 2층에 있는 세 개의 침실을 연결하는 낡은 나무 로지아 loggia, 즉 발코니형 복도는 축 처져 있었지만 여전히 형태를 유지하고 있었다. 창고에는 나무로 만든 오래된 포도 압착기와 밀짚을 벗겨 모자와 바구니를 짜는 데 사용하는 도구들이 함께 남아 있었다.

알레한드라는 처음 이곳을 방문했을 때의 느낌을 이렇게 표현했다.

"이 집에 들어서는 순간, 17세기부터 20세기까지 이곳 사람들이 어떻게 생활했는지를 있는 그대로 느꼈어요."

이후 18개월 동안 알레한드라와 디노, 건축 설계를 주도한 다니엘 부흐너와 브륀들러는 이 집을 새롭게 구성하기 위한 수많은 계획을 세웠다. 부부가 처음부터 꿈꿔온 소박한 규모의 집을 만들기 위해 본채를 철거하고 기존 창고를 개조하는 방안과, 본채는 그대로 폐허로 남겨둔 채 새로운 공간을 짓는 방법을 고려했다. 또 다른 대안으로, 반쯤 무너진 석조 건물의 외벽을 보호용 외피로 남겨두고, 그 안에 완전히 새로운 구조물을 짓는 방안도 고민했다.

결국 그들은 원래 구조를 거의 건드리지 않고 집을 개조하기로 결정했다. 마치 추가된 요소들이 언제든 사라질 수 있는 임시적인 장치처럼 보이도록 했다. 건축사무소 부흐너 브륀들러는 이 집의 2층을 철거하고, 산화된 강철

기둥으로 이루어진 거대한 프레임을 설치했다. 이 구조는 벽이 안쪽으로 무너지지 않도록 지탱하고, 기존 석재 벽난로의 남은 부분을 안정적으로 보존하는 역할을 했다. 바닥은 광택을 낸 콘크리트로 마감했으며, 여름철 폭우가 내릴 때 창문과 문이 있던 열린 공간을 통해 유입되는 빗물을 받기 위해 가장자리에 물길을 만들었다.

본채에는 가구를 최소한으로 배치했다. 옛 벽난로 옆 낮은 벤치, 한때 2층이었을 마을 방향으로 난 정문에서부터 이어져 내려오는 독립된 계단, 그리고 필요에 따라 주방이 되기도 하고 수납장이 되기도 하는 두 개의 조리대가 바닥에서 솟아오른 듯 자리하고 있다.

디노는 이렇게 설명한다.

"콘크리트에서 새로운 것이 자라나게 할 수 있도록 만들고 싶었어요."

이들은 단순한 가구라기보다 추상적인 조각이나 고대의 석비를 연상시키는데, 이는 부흐너 브륀들러의 디자인 철학을 완벽하게 담아낸다. 알레한드라는 이를 이렇게 표현한다.

"급진적으로 현대적이면서도 동시에 고풍스러운 느낌을 지닌 디자인이에요."

부흐너 브륀들러는 본채와 직각으로 연결된 작은 별채였던 옛 마구간을 부부의 주요 생활 공간으로 만들었다. 이 공간은 단 하나의 방으로 이루어져 있는데, 18세기 벽난로에 맞춰 설치된 나무 장작 난로와 소박한 작은 주방 그리고 부부가 잠을 자는 얇은 매트리스를 얹은 나무 플랫폼이 놓여 있다. 이 미니멀한 거주 공간은 내부 전체가 검은색으로 칠해진 목재 큐브 속에 자리하고 있고 두께 70센티미터의 석조 벽 속에 콘크리트 블록으로 지지되어 있다. 문이 닫히면, 이 방은 카메라 옵스큐라 camera obscura, 즉 암상자처럼 변한다. 벽 속 깊숙이 뚫린 세 개의 작은 창문은 외부의 빛을 제한적으로 받아들인다. 햇볕이 내리쬐는 테라스에서 이 방으로 들어서면, 감각이 사라지는 듯한 압도적인 어둠이 방문자를 덮친다. 디노는 이를 두고 "하나의 예술적 사건과 같은 경험"이라고 표현한다. 시간이 지나면서 깊은 암흑 속에서 창을 통해 바라보는 바깥 풍경이 서서히 선명해진다. 마치 망원경의 반대쪽 끝으로 세상을 들여다보는 듯한 느낌이다. 가까우면서도 동시에 멀리 떨어진, 강렬한 색감의 또 다른 세계가 펼쳐진다.

언뜻 보기에 이 집은 거주 공간이라기보다 미학적 실험에 가깝다. 명확하게 구획된 주방 공간도 없다. 다만, 부흐너 브륀들러는 겨울 부엌의 싱크대를 그대로 남겨두었는데, 이것은 마치 뒤샹 Duchamp의 레디메이드 작품처럼 위트 있으면서도 쓸모없는 오브제로, 벽 위에 떠 있다. 변기는 검은 박스 형태의 침실 아래 단순한 소나무 상자 안에 들어 있다. 유일한 샤워 시설은 외벽을 따라 연결된 알루미늄 튜브로, 거친 화강암 석재 바닥 위로 그대로 물을 쏟아낸다. 콘크리트 돔에는 천창oculus이 뚫려 있어 빛과 빗물이 동시에 내부로 흘러내리며 시멘트 구유처럼 생긴 욕조를 적신다. 욕조의 물은 나무 장작 난로로 데워진다. 손님들이 찾아오면, 겨울에는 벽난로 옆에 다다미 매트를 깔아 숙소를 만들고 따뜻한 밤에는 별이 촘촘히 박힌 하늘 아래 테라스에서 잠을 청한다.

구멍이 숭숭 뚫려 있고 임시 구조로 되어 있는 이 집은 사람의 욕구가 아닌 자연의 변덕에 따르는 즐거운 즉흥적 삶을 요구한다.

"보통의 밝은 방이나 일반적인 주방이 있었다면 이 집은 그저 평범한 집이 되었을 거예요. 하지만 마을에서부터 한 걸음 한 걸음 내려올 때마다 세상을 뒤로 남기게 되죠. 그 경험은 매번 새로워요."

디노는 이어서 말한다.

"이곳에서 살기 위해서는, 사는 방식, 생각하는 방식, 그리고 존재 방식 자체를 바꿔야만 해요."

이 집은 그 엄격한 미니멀리즘에도 불구하고 놀라울 정도로 아늑하고 편안한 분위기를 자아낸다. 이곳에서 자연은 불편한 요소가 아니다. 콘크리트나 돌, 강철만큼이나 필수적인 건축 재료다.

알레한드라가 말한다.

"우리는 취리히에서 누리던 편안함을 이곳에서 찾으려던 게 아니에요. 집이 도로에서 100미터 아래에 위치해 있는 것만으로도, 여기서는 보통의 현대적인 삶을 영위하기 어렵죠."

대신, 디노와 알레한드라는 이곳에서 '노동의 즐거움'을 찾는다. 포도를 재배하고, 잔디를 깎고, 돌담을 관리하며, 장작을 쪼개는 일상이 그들에게 진정한 만족감을 준다. 하루 일과가 끝나면, 부부는 책을 읽거나 언덕을 하이킹하며, 집과 마을을 연결하는 비탈길을 따라 저물어가는 태양을 쫓는다.

그들은 버섯을 따고, 원하는 장소 어디서든 소박한 음식을 만들어 먹으며, 수정처럼 맑고 시원한 강에서 수영한다. 물살에 매끄럽게 다듬어지고 햇볕에 따뜻하게 달궈진 바위 위에서 도마뱀처럼 몸을 말리며 자연이 주는 소박한 기쁨을 만끽한다. 이러한 즐거움은 자연처럼 그 자체로 존재하기 때문에 이름을 붙일 필요가 없다. 이곳의 돌들은 저마다의 기억을 간직하고 있다.

◀ 부흐너 브륀들러는 본채 안에 매끄러운 콘크리트 바닥에서 솟아오른 듯한 독립적인 오브제를 더했는데, 여기 보이는 계단이 그 예다.

▶ 건축가들은 본채를 폐허로 남겨두고 인근의 헛간을 주거 공간으로 개조하는 계획을 포함해서 여러 가지 설계안을 구상하고 폐기했다.

로스앤젤레스 외곽 샌 가브리엘산맥의 전경.

샌 가브리엘의 협곡 오두막

앤 그리고 앤서니 루소
미국 캘리포니아, 빅 산타 아니타 캐니언

◀ 아늑한 벽난로가 65제곱미터 남짓한
  아담한 실내 공간을 따뜻하게 유지한다.

▶ 건물의 기초는 집 아래 개울에서 건져 올린
  세월이 묻은 강돌로 쌓아 올렸다.

태평양에서 불어오는 시원한 바람이 동쪽으로 이동해 로스앤젤레스 분지Los Angeles Basin를 넘어갈 때, 가장 먼저 만나는 높은 봉우리는 샌 가브리엘산맥San Gabriel Mountains의 전면 능선이다. 이 산맥은 로스앤젤레스의 광활한 저지대 위로 평균 1,500미터 이상 높게 솟아 있다. 공기가 산등성이를 타고 올라가면서 산에는 연간 76센티미터 이상의 비나 눈이 내리는데, 이는 로스앤젤레스 도시 지역 평균 강수량의 세 배에 해당한다. 이 비는 빅 산타 아니타 캐니언Big Santa Anita Canyon 같은 협곡에 강과 시내를 만들어, 높이 약 18미터까지 자라는 오리나무 숲과 향나무, 참나무와 전나무 등으로 우거진 숲에 생명력을 불어넣는다.

1905년에 설립된 미국 산림청은 1907년부터 샌 가브리엘산맥의 일부 지역을 민간 개발에 개방했다. 이 지역을 우연히 방문한 사람들이 이곳에 정착하고 시민이 되기를 바랐기 때문이다. 산림청은 그들에게 부지를 할당함으로써 이전에 통제되지 않았던 곳을 관리하고 지역 경제를 창출할 수 있기를 기대했다. 또한, 구획을 나누어 분양함으로써 무분별한 개발을 통제하고 지역 경제를 활성화할 수 있을 것이라고 기대했다.

금주법 시대* 동안, 빅 산타 아니타 캐니언에 위치한 오두막들은 법적 관리망에서 벗어났다. 이곳 주민들이 비밀리에 밀주 공장과 사창가를 운영하며 주말마다 화려한 파티를 열었다는 지역 설화가 전해진다. 1930년대 중반에는 샌 가브리엘산맥 곳곳에 수천 개의 오두막이 흩어져 있었지만, 이들 대부분은 연이은 홍수와 화재로 소실되었다. 가장 최근에 있었던 화재, 즉

---

* 1919~33년에 미국에서 시행된 금주법은 술을 마시는
   행위 자체를 금지하는 것이 아니라 주조와 술의 매매,
   운송 행위를 할 수 없게 만든 법이다.

▶ 흰 참나무로 만든 작은 주방은 정교한 목공 기술과 짜임새 있는 마감 덕분에 장인 정신이 깃든 교본 같은 공간으로 완성되었다.

2020년의 밥캣 화재Bobcat Fire*로 남아 있던 오두막 17채가 사라지고 현재는 63채만 남아 있다. 그중 하나가 개울에서 직접 채취한 돌로 쌓은 기초 위에 지은 소박한 목조 건물로 앤Ann과 앤서니 루소Anthony Russo 부부가 소유하고 있다.

할리우드에서 프로듀서이자 감독으로 활동하는 앤서니는 로스앤젤레스 북동쪽에 위치한 패서디나에서 살고 있지만, 그와 그의 아내 모두 원래 동부 출신(각각 클리블랜드와 뉴욕)이다. 그들이 살던 도시는 낙엽수가 가득한 곳으로 로스앤젤레스 특유의 세피아톤 햇빛과 가느다란 야자수가 있는 풍경과는 전혀 다른 곳이다.

"아내와 저는 로스앤젤레스에서 약 20년 정도 살았는데, 샌 가브리엘산맥은 처음부터 우리가 가장 좋아하는 휴양지가 되었어요. 그곳에 가면 우리에게 훨씬 더 친숙한 환경으로 돌아온 듯한 느낌이 듭니다."

앤서니는 덧붙여 말한다.

"거의 반사막 지대인 로스앤젤레스를 벗어나 해발 1,000미터 가까이 오르다 보면 어느 순간 전혀 다른 세상을 마주하게 되죠. 이건 저에게 매우 강렬한 경험입니다."

몇 년 동안 루소 부부는 빅 산타 아니타 캐니언의 부동산 매물을 눈여겨보았다. 하지만 산림청이 관리하는 오두막이 매물로 나오는 일이 드물었고 새로운 집을 짓는 프로그램은 1936년에 종료된 상황이었다. 결국 부부는 개울가에서 바로 이어진 가파른 비탈 위에 세워진 오두막을 구입했다. 이 집은 이전 주인이 수십 년 동안 소유해온 곳이었다. 그전에 살았던 가족이 약 1,000리터 용량의 물탱크를 설치하고 개울에서 물을 끌어와 일 년 내내 오두막에 물을 공급할 수 있게 했다.

* 미국 로스앤젤레스 카운티에서 2020년 9월부터 11월까지 지속된 대규모 산불이다. 이 산불로 인해 샌 가브리엘산맥 주변 약 470제곱킬로미터가 불에 탔다.

오늘날에도 이 오두막은 과거와 거의 다름없이 유지되고 있다. 오두막에 도착하기 위해 루소 부부는 높이 약 600미터의 구불구불한 산길을 올라가야 하는데, 그들의 집에서 출발해 30분간 차를 타고 이동한 뒤, 마지막에는 오두막까지 약 2킬로미터를 걸어 내려가야 한다.

오두막에서 쓸 수 있는 연료는 벽난로와 냉장고, 난로를 가동하는 데 필요한 LPG가스와 자동차 배터리를 충전하는 데 쓰이는 태양광 패널뿐이다. (가스통은 당나귀를 이용해서 운반했다!) 유일한 통신 수단은 100년 된 크랭크식 전화인데, 이는 미국에서 현재까지 작동하는 통신 시스템 중 하나로 위급할 때 이웃 오두막들과 연락할 수 있는 수단이다.

"이곳에서는 이웃과 공동체에 의존해야 해요."

앤서니가 이어서 말한다.

"서로에게 실질적인 도움을 주고받는 것은 이곳 생활의 매력이자 삶의 활력이 되어주는 일이지요."

앤서니는 이 오두막에서 경험하는 고립감과 자급자족의 경험, 그리고 가족의 주요 거주지와 가깝지만 완전히 다른 세계에 있는 듯한 경험을 매우 소중하게 생각한다.

실내 공간이 65제곱미터인 이 오두막은 가파른 절벽과 폭포처럼 쏟아지는 계곡물이 특징인 이 협곡의 날카롭고 밀집된 비율을 그대로 모방한 듯하다. 루소 부부의 아이들은 이 계곡에서 오후 내내 바위를 타고 놀곤 했다. 하지만 2020년 9월의 화재 이후 가족의 오두막 방문은 제한되고 있다. 집의 중심에는 앤서니가 '집과 풍경이 만나는 곳'이라고 부르는 강돌로 쌓은 벽난로가 자리하고 있다. 거의 두 배 높이의 벽에 설치된 창문을 통해 오후의 빛이 쏟아져 들어오면 가파른 협곡 너머의 하늘, 아무도 손대지 않은 순수한 하늘의 한 조각으로 시선이 자연스럽게 이끌린다.

로스앤젤레스에 기반을 둔 코뮌 디자인Commune Design이 인테리어 리모델링을 담당했는데, 소박하면서 단정한 모습이다. 마치 벽들이 저녁의 냉기를 피하기 위해 벽난로 주위로 몰려 있는 듯한 느낌을 준다. 개울가에서 가져온 돌을 제외하고, 오두막에 필요한 모든 재료는 모두 당나귀나 사람의 손으로 운반되었다.

여기에는 효율성과 기능성을 모두 갖춘 주방의 참나무 캐비닛과 차분하고 따뜻한 일본 찻집을 연상시키는 다락방 침실 천장의 모시 패널grass cloth ceiling panel이 포함된다. 석회칠을 한 돌벽 위로 드러난 전선은 과거 위에 가볍게 놓인 현재의 모습을 상징한다.

앤서니는 2021년 9월에 완공된 이 오두막에서 아이들과 함께 첫날밤을 보낸 기억을 떠올린다. 그는 아들과 함께 다락방에 누워 있었다.

"열린 창문을 통해서 우리는 그냥 개울물 소리를 듣고 있었어요. 그날 밤의 강렬한 경험을 기억해요. 아들이 저와 비슷한 경험을 하고 있다는 걸 말하지 않아도 알 수 있었죠. 그 평화로움을 기억해요."

바로 이러한 교감이야말로 이 집을 지은 목적일 것이다. 단순히 자연과의 교감뿐만 아니라 사람과 사람 사이의 교감 말이다. 그리고 이 둘은 본질적으로 하나다.

◀ 나무 사다리가 주방과 간이 식사 공간에서부터 위층의 침실 다락방으로 이어진다.

▲ 기존의 크랭크식 전화는 오두막을 (여전히 영업 중인) 당나귀 정류장 및 계곡 내 이웃 오두막들과 연결해준다.

다락방 침실 천장의 모시 패널은 일본 다실의 장지문을 연상시킨다.

▲ 오두막과 옥외 화장실에서 떨어진 곳에 별도로 만들어진 샤워실은 아래 개울에서 끌어올린 물을 저장하는 약 1,000리터 용량의 물탱크에서 물을 공급받는다.

▶ 이 오두막에 도착하려면 가장 가까운 주차 지점에서 약 2킬로미터를 걸어 내려가야 한다.

사막 정원이 감싼 흙집

미셸 피크말

모로코, 하이아틀라스산맥

▶ 집 뒤쪽 테라스에서 하이아틀라스산맥의 거친 풍경을 바라보며 직접 만든 타진 요리를 소박하게 즐긴다.

▼ 다양한 직물이 모여 편안한 거실 공간에 따뜻함을 더한다.

조경 건축가 에릭 오사르Eric Ossart가 난생처음 모로코의 대서양 해안과 사하라 사막을 가르는 하이아틀라스산맥High Atlas을 넘어갔을 때 그는 스물한 살이었다. 1960년 프랑스에서 태어난 에릭은 생후 2주도 안 되어서 가족과 함께 모로코로 이주했다. 모로코의 수도 라바트Rabat에서 북동쪽으로 가까운 거리에 위치한 부크나델 정원Bouknadel Gardens이 대중에게 개방되기 1년 전이었다.

어린 시절부터 에릭은 가족과 함께 이 정원을 자주 방문했고, 12세가 되었을 때 그는 이렇게 풍요롭고 생동감 있는 공간을 만들고 싶다는 꿈을 꾸기 시작했다. 그리고 6년 후, 에릭은 베르사유에 있는 국립 조경 건축 학교에 입학하지만, 아틀라스산맥의 험준한 절벽과 눈 덮인 봉우리만큼 그의 상상력을 사로잡는 곳은 없었다.

2000년대 초반, 에릭과 그의 파트너 아르노 모리에르Arnaud Mourieres(두 사람은 베르사유에서 학생으로 처음 만났다)는 모로코 남서부에 위치한 성벽 도시 타루단트Taroudant에 정착했다. 두 사람은 이 지역의 전통인 어도비adobe 점토와 압축된 흙을 혼합하는 건축 방식을 전문적으로 연구하기 시작했다. 그들은 주말마다 산으로 여행을 가곤 했는데, 에릭이 어린 시절 경험했던 것과 같이 계곡 사이를 지나 마을에서 마을로 이동했다. 이런 여행을 지속하던 중 2004년 어느 날 두 사람은 이모라스Imoulass 마을 외곽의 계단식 언덕 위에 위치한 전통 흙집을 발견했다.

에릭이 말한다.

"그 집은 완전히 폐허가 되어 땅속으로 무너지고 있었어요."

그러나 집의 기초는 견고했고, 가지와 토마토, 올리브나무와 아르간나무로 우거진 언덕과 계곡의 풍경은 그야말로 장관이었다.

◀ 지붕에서 바라본 풍경은 겹겹이 이어지는
　산등성이와 그 아래 펼쳐진 농경지를 품고 있다.

　　이 발견은 우연의 일치이자 행운이었다. 얼마 전, 에릭과 아르노는 함께 알고 있는 지인을 통해 프랑스의 어린이책 작가인 미셸 피크말Michel Piquemal을 만났다. 두 사람은 미셸에게 폐허가 된 이 집의 사진을 보여주며, 자신들은 이미 진행 중인 프로젝트가 많아서 이 집을 직접 매입하는 것을 망설이고 있다고 털어놓았다. 미셸은 에릭과 아르노가 집 수리와 복원 작업을 담당하는 조건으로 이 집을 구매하기로 결정한다. 이 결정은 거의 운명적으로 보였다.

　　그후 3년 동안 에릭과 아르노는 이 집과 정원을 조각조각 재건하며 복원 작업을 진행했다. 언덕을 따라 네 개의 테라스를 파내고, 점토가 풍부한 흙을 사용해 벽을 다시 쌓았다. 채굴한 돌은 곧 이 집의 정원으로 이어지는 길을 포장하는 데 사용했다.

　　당시 타루단트와 이모라스를 연결하는 유일한 길은 거친 흙길이 전부였고, 전기도 들어오지 않았다. 건축 자재를 운반할 수 있는 유일한 수단은 마을의 두 마리 당나귀뿐이었다.

　　미셸은 이렇게 회상한다.

　　"현지에서 구할 수 있는 재료, 전통 기술 그리고 현지 사람들과 함께 작업하는 것이 제게는 정말 중요했어요."

　　집이 위치적으로 워낙 고립되어 있었기 때문에 달리 방법이 없기도 했다. 공사가 다 끝났을 때 이 집에서는 '소박한' 분위기 속에 '파라오의 신전' 같은 웅장함도 느껴졌다. 석회로 덧칠한 직사각형 구조물은 절벽 끝에 서서 마치 신전처럼 주변을 내려다보고 있었다.

　　에릭은 이 집은 한때 유목민 사회였던 이 지역의 전통을 그대로 따랐다고 했다. 가구라고는 트렁크, 태피스트리, 책으로 채워진 벽감이 전부였다. 언제든 짐을 싸서 이동할 수 있는 것들뿐이었다.

　　미셸과 그의 가족은 이 집에서 들어와 살면서 거의 1년 동안은 촛불에 의지하며 생활했고, 에릭과 아르노가 설계한 함맘hammam 스타일(전통적인 장작 난로를 사용해 물과 바닥을 동시에 데우는 방식)의 욕실에서 목욕했다.

　　"우리 딸이 아주 어렸을 때였는데 이런 식의 새로운 생활을 매우 신기해했지요."

미셸의 가족은 낮에는 계곡을 따라 긴 산책을 즐기거나, 두께가 거의 50센티미터나 되는 두꺼운 흙벽 뒤에서 고산 지대의 강한 햇빛을 피했다. 창문을 통해 들어온 빛줄기가 테라코타 바닥 위를 가로지르며 아름다운 햇살 무늬를 만드는 모습도 관찰했다.

세월이 흐르면서 에릭과 아르노가 가꾼 사막 정원은 천천히 그러나 장엄하게 성장했다. 이 집은 한 달에 세 번, 한 시간 동안만 공동 관개 시설을 통해 물을 받을 수 있었는데, 이 제한된 물을 최대한 활용해서 정원을 가꿨다. 에릭과 아르노가 멕시코 중부에서 직접 가져온 유카와 용설란은 마다가스카르에서 온 유포르비아와 토착 식물인 블루팬야자blue fan palms와 함께 생기 넘치게 자라고 있다. 이곳은 미니어처 식물원으로 에릭이 어린 시절을 보낸 부크나델 정원의 작은 복제판과 같다.

에릭은 말한다.

"이 집은 100년 전과 똑같은 방식으로 지어졌어요. 그때 이 집을 새로 지을 수 있었던 건 행운이었어요. 왜냐하면 사람들이 더 이상 예전 방식으로 집을 짓지 않기 때문이죠."

2007년에 이 집이 완공된 후 몇 년이 지나, 포장도로가 깔리고 전기가 들어오면서 전통적인 건축 기술도 사라지고, 기존의 건축 방식으로 집을 복원하던 기술자들도 점점 자취를 감췄다. 그럼에도 불구하고 에릭은 이곳에서의 삶의 리듬이 예전과 별로 다를 것이 없다고 한다. 농사 주기와 일요일 시장이 여전히 유지되고 있고, 약 32킬로미터 떨어진 도시와 마을을 오고 가는 길은 합승 택시 덕분에 수월해졌지만, 여전히 쉽지 않은 여정임에는 틀림없다.

"이 집에 거의 도착할 때 즈음에는 속도를 늦춰야 하죠."

미셸이 덧붙여 말한다.

"이곳에서는 생각하는 방식이 달라집니다. 삶이 흘러가는 모습이 눈에 보이죠. 사람들이 농작물을 가꾸면서 대화를 나누는 모습도 보여요. 몇 시간 동안 멍하니 경치를 바라보거나 하늘을 바라보며 생각에 잠길 수 있어요."

처음에 비해서 많은 것이 변했지만, 하늘만큼은 변하지 않았다. 그 하늘은 미셸과 그의 집을 빌려 쓰고 있는 예술가들과 작가들에게도 예술적 영감의 원천으로 남아 있다.

"전 세계 어느 곳에도 이곳보다 아름다운 하늘은 없을 거예요. 적어도 프랑스의 하늘보다는 훨씬 아름답죠."

크리스털처럼 맑고 별들로 수놓인 이곳의 밤하늘은 시간이 흘러가는 모습을 그저 침묵으로 바라보게 할 뿐, 그 이상을 요구하지 않는다.

"서구의 삶은 우리에게서 그 빛을 빼앗아갔어요."

나무 격자 사이로 스며든 햇빛이 흙벽으로 지어진 어둑한 현관에 그림자를 드리우며, 강렬한 산악 지방의 햇볕을 잠시나마 피할 수 있게 해준다.

2층 회랑에는 소박한 나무 기둥들이 늘어서 있고, 안뜰을 내려다볼 수 있다.

▶ 침실 바깥뜰에는 싱크대가 놓여 있고,
그 옆에는 샤워용 물을 데우는
장작 화덕이 자리하고 있다.

▶ 정원에는 멕시코와 마다가스카르처럼 먼 지역에서
들여온 이국적인 식물들과 토종 식물들이 수년에
걸쳐 함께 어우러져 무성하게 자라났다.

◀ 이 집의 두꺼운 어도비 흙벽은 전통 조리 도구 선반이 있는 주방을 한여름에도 시원하게 유지해준다.

▲ 꼼꼼하게 기록된 메모에는 이 집의 사막 정원에 심은 식물 목록과 그 성장 과정이 상세히 담겨 있다.

1층에 위치한 손님방은 돌로 만든 단 위에 매트리스를 깔아놓은 단출한 구조로, 소박한 디자인을 잘 보여준다.

모로코 하이아틀라스산맥의 계곡.

절벽 위 피난처, 빌알시나

세르지우 페르난드스

포르투갈, 카미냐

◀ 카미냐 마을 언덕에 자리 잡은 이 집은 포르투갈과 스페인을 가르는 미뇨강 하구를 굽어보고 있다.

▶ 단단한 형태의 LC2 의자는 옅은 보라색 천과 크림색 파우더로 코팅된 튜브 프레임 덕분에 한층 부드럽게 느껴진다.

1974년 8월, 건축가 세르지우 페르난드스Sergio Fernandez는 스페인 북서부 갈리시아Galicia주와 포르투갈을 가르는 미뇨강Minho River 위쪽 숲이 우거진 절벽에 지은 주말 별장에서 처음 머물렀다. 집을 짓기 전, 세르지우는 중세 마을 카미냐Caminha 위쪽에 위치한 길고 좁은 이 땅을 이용해 피크닉을 위장한 정치 모임을 열었다. 이곳에서 그는 친구들과 함께 1933년부터 자국을 지배해온 권위주의 정권을 공개적으로 비난할 수 있었다.

세르지우는 그 시절을 회상하며 말한다.

"당시 우리는 어디에서도 자유롭게 말할 수 없었어요. 경찰이 도처에 있었죠."

그러나 강 건너편에 있는 산타 테클라산Monte Santa Tecla에서 불어오는 거센 바람도 막아주던 이 장소는 잠시나마 안전과 저항의 공간이 되었고, 감시와 사찰을 피할 수 있는 이상적인 피난처가 되었다. 그리고 1974년 4월 무혈 카네이션 혁명Carnation Revolution으로 마침내 독재 정권은 종식되었다. 세르지우가 절벽 위 별장에서 보낸 첫 휴가는 불현듯 활짝 열린 포르투갈의 미래를 축하하는 시간이 되었다. 좁은 의미에서 이 집의 미래를 축하하는 시간이기도 했다.

포르투갈 독재의 창시자 안토니우 드 올리베이라 살라자르António de Oliveira Salazar는 많은 우익 독재자처럼 국가 권력을 표현하는 도구로 건축을 사용했다. 그는 특히 농촌 미학과 장식을 향한 향수를 자극하며 국가주의적 환상을 구현하고자 했다. 전통적인 포르투갈 가정집의 모델을 개발하는 것이 그의 목표 중 하나였다.

반대편 정치 입장에서는 급진적인 젊은 디자이너들이 르 코르뷔지에Le Corbusier와 미스 반 데어 로에Mies van der Rohe와 같은 모더니즘 대가들의 실험을 모방하기도 했지만, 결국 그들의 파생적인 탐구에 만족하지 못하고 새로

◀ 햇살이 가득한 아침 식사 공간이
　집의 동쪽 끝을 지탱하고 있다.

운 방향을 모색하게 되었다. 1955년, 열여덟 명의 건축가(이중에는 세르지우의 스승인 페르난두 타보라Fernando Távora가 주요 저자였다)가 국가의 지원을 받아 포르투갈 토속 건축에 관한 전국 조사를 시작했다.

1961년에 발표된 조사 보고서 서문에서 저자들은 이렇게 선언했다.

"현재 '포르투갈 건축'이나 '전형적인 포르투갈 주택'이라는 것은 없다."

그들이 제안한 주거 건축은 반드시 전통적인 외형을 지닐 필요는 없지만, 모더니즘의 엄격한 추상성을 보다 소박한 규모와 재료로 적용하는 것이었다. 또 전통적 건축 방식에서 배울 수 있는 "일관성, 정직함, 절제, 장인 정신, 기능성, 아름다움 등의 요소"를 통합해야 한다고 강조했다. 모더니티는 낙관적이고 진보적인 의미를 지니면서도, 과거와의 단절이 아닌, 과거의 연속선상에 놓여야 한다는 것이었다.

세르지우는 이 연구에 직접 참여하지 않았지만, 연구가 이루어지던 시기에 타보라의 가르침을 받고 있었기 때문에 연구 결과는 그의 미래 작품에 깊은 영향을 미쳤다. 카미냐 외곽에 지은 집(실제로는 그가 함께 부지를 구입한 친구와 각각 거주하기 위해 차고를 사이에 두고 연결된 쌍둥이 구조의 두 채)은 바로 그 조용한 반란에서 비롯된 결과물이었다.

연구 결과가 발표된 지 2년 후인 1963년, 세르지우는 그가 자란 항구 도시 포르투Porto에서 멀리 떨어진 히우지오노르Rio de Onor라는 외딴 내륙 마을로 이주했다. 그곳에서 1년간 생활하면서, 그는 도시의 편리함과는 완전히 단절된 경험을 했다. 그 마을은 물도 전기도 없었고, 겨울이면 빈 창틀 사이로 눈이 들이닥쳤다. 그때까지 세르지우와 그의 친한 친구이자 이후 프리츠커Pritzker 건축상을 수상한 알바루 시자Álvaro Siza를 포함한 그의 모든 동료는 대도시에 거주했다.

세르지우는 이렇게 회상한다.

"우리는 모두 큰 도시에서 살았어요. 포르투갈이 어떤 곳인지 잊고 살았던 거죠."

세르지우는 약 60년이 지난 지금, 그 당시 히우지오노르에서 보낸 1년이 건축가로서 자신의 삶에서 가장 중요한 경험이었다고 고백한다. 비록 그곳에서 프로젝트를 완성하지는 못했지만, 사람들의 실제 필요와 사용 방식을

▶ 세르지우가 여행 중에 수집한 빛바랜 킬림 양탄자는 그의 침실과 집의 공용 공간을 연결하는 좁은 복도에 깔려 있다.

◀ 거실의 소박한 벽난로에 놓인 그을음이 묻은 돌들은 거의 50년에 걸쳐 자주 사용한 흔적을 간직하고 있다.

◀ 작은 골방 같은 손님방은 지퍼 달린 커튼 뒤에 가려져 있으며, 커튼을 열면 미뇨강 너머 스페인 쪽 산타 테클라산의 탁 트인 전망이 펼쳐진다.

깊이 있게 관찰하는 법을 배웠다고 말한다.

"그 경험이 저를 좀더 현실적으로 만들어줬어요."

그 짧은 시간 동안, 세르지우는 건축에 관한 자신만의 분명한 가치관을 형성했다. 그것은 앞서 소개한 연구 결과에서 제시한 원칙과 유사한 것으로, 즉 "경제성, 단순함, 과시하지 않는 것, 평범함, 그리고 가능하다면 편안함"까지 제공하는 디자인이다.

카미냐의 그 집은 이러한 절제된 따뜻함의 이상을 완벽하게 구현하고 있다. 현지의 화강암과 거친 콘크리트로 지어진 이 집은 지금은 무화과나무 덩굴에 겹겹이 덮인 상태다. 약 110제곱미터 규모의 이 집은 언덕 비탈을 따라 세 개의 복층으로 구성되어 있고, 마치 계단식 농경지처럼 바위에 자리 잡고 있다. 나무들 사이에 거의 보이지 않을 정도로 자연스럽게 숨겨진 이 집은 포르투갈 중부 언덕 꼭대기를 장식한 시스투Xisto 마을을 떠올리게 한다. 유칼립투스와 소나무 숲이 만든 파도 위에 흑연색의 물마루같이 얹힌 그 마을들처럼, 이 집도 절제된 아름다움과 자연스러운 조화를 이루고 있다.

집의 동쪽 측면에 자리한 현관문을 열면, 곧바로 짧은 계단으로 이어지는 층계참이 나타난다. 계단 한쪽 벽면에는 삼나무 캐비닛이 설치되어 있으며, 그 위에는 세르지우가 지난 수십 년간 유럽, 아프리카, 아시아, 아메리카 등을 여행하며 수집한 물건들이 빼곡히 놓여 있다. 모형 배와 도자기와 함께 놓여 있는 오래된 탈곡판 표면은 머리 위 천장을 통해 쏟아지는 햇빛을 받아 더욱 부드럽게 바랬다. 또한 현지 예술가가 만든 미소 짓는 조각상도 함께 놓여 있는데, 세르지우에 따르면 사실 그 조각상은 전설적인 중세의 왕을 표현한 것이지만, 아이러니하게도 살라자르 독재 시절의 군복을 입고 있다.

계단을 따라 내려가면 좁은 복도가 나온다. 복도 한쪽 끝에는 실용적인 주방이 있고 반대편 끝에는 세르지우의 침실이 자리해 있다. 복도에서 이어지는 두 개의 손님용 침실은 명상적인 분위기를 자아내는 작은 공간으로 만들어졌다. 각 방에는 소파베드와 청록색 커튼이 구비되어 있는데 커튼을 닫으면 매우 고요한 공간이 되고 커튼을 걷으면 그림 같은 창문을 통해서 스페인으로 뻗어 흘러가는 강 너머의 광활한 전망을 감상할 수 있다.

경사진 천장에는 서아프리카의 톨라tola 목재로 만들어진 패널이 마치 돛단배 선체처럼 늘어서 있다. 이 집을 함께 작업한 건축가는 이전에 리스본에서 부유한 고객들을 위해 요트를 제작하던 사람이었다. 한편, 한 번도 배를 타본 적이 없는 세르지우는 "전 물과 친하지 않아요"라고 말한다. 이 집의 내부 구조는 미드센추리 미국 모더니즘 유리 상자glass box의 명확하고 합리적인 레이아웃을 따르고 있지만, 사용한 재료들은 촉감이 그대로 살아 있는 자연 그대로의 느낌이다. 거친 돌, 시멘트, 나무와 같은 천연 소재와 햇볕에 바랜 킬림kilim 러그, 오커ochre, 시에나sienna, 코발트cobalt 등 광물에서 영감을 받은 색상의 무명 덮개가 조화를 이룬다.

집의 가장 아래층에 위치한 거실은 그을음이 묻은 벽난로를 중심으로 설계되었다. 벽난로 양옆에는 책장과 장작더미가 놓여 있으며, 낡은 그물추와 세르지우가 주변 숲에서 주워 모은 솔방울이 담긴 바구니가 자리하고 있다. 거실 한편에는 1928년에 르 코르뷔지에, 피에르 잔느레Pierre Jeanneret, 그리고 샤를로트 페리앙Charlotte Perriand이 디자인한 아이코닉한 LC2 의자가 놓여 있다. 이 의자는 원래 강렬한 강철 튜브 프레임과 네모난 가죽 쿠션의 현대적인 디자인으로 유명하지만, 이곳에서는 옅은 보라색 천과 크림색 파우더로 코팅된 프레임 덕분에 한층 부드러운 느낌을 자아낸다. 숲이 집 밖 가까이 우거져 있어서 그 틈 사이로만 주변 풍경이 간헐적으로 드러난다.

고독하지만 결코 외롭지 않은 이 집은 어떤 각도에서 보면 거친 브루탈리즘 덩어리처럼 보이고, 다른 각도에서는 산비탈에서 자라난 자연의 일부처럼 보인다. 또 다른 각도에서는 미드센추리 모더니즘 논리를 완벽히 구현한 걸작이자 소박한 시골집의 모습도 띠고 있다. 설계 당시, 전통과 현대성을 결합한 이 집은 개인적인 저항의 표현이었다.

세르지우는 말한다.

"이 집이 그저 돌담처럼 보이길 바랐어요. 산의 표면처럼 자연스럽게 녹아들면서 그 이상도 이하도 아닌 모습으로요."

하지만 돌담 자체도 단순한 구조물 그 이상이다. 과거에도 미래에도 속하지 않는 시간 밖의 존재다. 돌담은 비바람을 막아주는 은신처이자 외부의 시선을 차단하는 장벽이 되기도 하고, 역사적 유물이자 현대적 기념비가 되기도 한다. 세르지우는 새로운 것을 짓는 동시에 영원한 것을 창조했다. 그것은 빠르게 사라지고 있는 시골 풍경의 메아리이자 충만한 삶을 위한 토대다.

화강암과 콘크리트로 지어진 이 구조물은 이제
담쟁이덩굴이 만든 섬세한 망으로 뒤덮여 있다.

포르투갈 북부 내륙 산악 지대에 자리한 언덕 위 작은 예배당.

꿈과 함께 자라는 집

브라이언 퍼시크와 해나 해위츠
미국 뉴욕, 윈덤

▶ 50제곱미터도 채 되지 않는 면적 위에 세워진 이 건축물은 높고 좁은 비율 덕분에 마치 도심의 타운하우스를 연상시킨다. 1940년대 모더니즘 전성기에 디자인된 요제프 프랑크의 활기 넘치는 벽지로 부부의 침실을 장식했는데 이는 부부의 가구처럼 현대 유행에 대한 장난기 어린 무심함을 자아낸다.

가구 디자이너 브라이언 퍼시코Brian Persico는 오랜 시간 동안 자신이 어린 시절 주말을 보냈던 캐츠킬산맥Catskills에 있는 약 18제곱미터 규모의 오두막에 대한 꿈을 반복해서 꾸었다. 그 꿈에서 그는 익숙한 문을 열고, 그 너머에는 한 번도 본 적 없는 방이 있었다. 앞으로 나아가면 환영 같은 방에서 또 다른 방으로 이동하게 되고, 걸음을 내디딜 때마다 새로운 공간이 창조되었다. 마치 그의 상상 속에서 실제 꿈의 집이 물질화되는 듯한 느낌이었다. 브라이언의 표현에 의하면 이러한 경험은 기쁨과 비현실감이 뒤섞여 있고 무엇보다 "압도적인 향수를 불러일으키는 것"이다. 그의 기억은 놀랍고 새로운 무언가로 재구성된다.

뉴욕주 윈덤Windham에 위치한 그 오두막은 1970년대 그의 아버지가 뉴욕 업스테이트Upstate의 구불구불한 언덕들 사이에 숲으로 둘러싸인 땅을 구입해서 지은 것이다. 브라이언은 어린 시절 격주로 이곳을 방문했는데, 겨울에는 인근 윈덤 마운틴 스키 리조트에서 스키를 타고 여름에는 주변 숲에서 놀았다.

브라이언은 회상한다.

"어릴 때 저는 이곳을 정말 좋아했어요. 항상 이 집에서 살고 싶었죠. 정말 마법 같은 곳이었어요."

시간이 흐르면서 전기는 들어오지만 물이 나오지 않는 이 오두막집에서의 생활을 점점 불편하게 느낀 부모님은, 결국 근처 조식을 제공하는 숙소의 안락함을 선호하게 되었다. 자연스럽게 브라이언은 이 소박한 오두막의 비공식 관리인이 되었고, 고등학생 시절부터 이 집에서 숲속 파티를 열기 시작했다. 그 전통은 그의 대학 시절을 지나 뉴욕에서 디자이너로 자리 잡은 20대까지 이어졌다. 2013년의 어느 파티에서 브라이언은 당시 BDDW 디자인 스튜디오에서 일하고 있던 해나 해워스Hannah Haworth를 만났고, 일주

브라이언은 정화조 설치를 위해 벌목한 나무로 주방 캐비닛을 만들었고, 이 나무는 훗날 집에서 열린 부부의 결혼식에서 벤치로도 재활용되었다.

◀ 딸의 방에는 브라이언이 만든 침대와 협탁,
그리고 해나가 함께 만든 모빌이 놓여 있다.

일 만에 연인이 되었다. 이후 두 사람은 주말마다 이 오두막을 찾았다.

그후 1년도 되지 않아 두 사람은 브루클린 레드훅Red Hook에 있는 아파트에서 함께 살기 시작했고, 2년 후 해나는 BDDW에서 퇴직하기로 결심한다. 대신 해나는 세계 각지에서 수입한 수공예 직물을 다루는 작은 사업에 집중하기로 했다. 이 사업은 그의 어린 시절 친구들이 만든 필리핀 민도로섬의 망얀족Mangyan 인디고 염색 면직물로 시작했다. 브라이언 역시 이미 자신의 소규모 디자인 사업체를 운영하고 있었기 때문에 두 사람 모두 도시에 묶여 있을 이유가 없었다. 결국 그들은 윈덤으로 완전히 이주하기로 결정했다.

처음에 두 사람은 브라이언 가족의 역사뿐 아니라 두 사람이 함께한 첫 몇 년간의 추억이 가득 담긴 이 오두막을 단순히 확장만 할 계획이었다.

"이토록 특별한 공간을 무자비하게 변형한다는 것이 마치 신성모독처럼 느껴졌어요."

브라이언의 말에 해나가 이어 설명한다.

"이 오두막을 원래 모습 그대로 보존하기로 한 결정 덕분에 우리는 과거에 얽매이지 않고 우리 둘만의 새로운 삶을 위한 공간을 창조할 수 있었어요. 가족 별장에 무언가를 억지로 심으려 하지 않아도 되니까요."

2016년 그들은 언덕 꼭대기에서 최적의 땅을 확보하기 위해 오두막을 원래 위치에서 약 60미터 정도 이동시켰고, 이듬해에 건축을 시작했다.

집의 설계는 캐츠킬산맥 지방 특유의 전통 건축 스타일과 부부의 빠듯한 예산에 의해 자연스럽게 완성되었다. 목조 건축 분야에서 수년간 경험이 있는 브라이언 가족의 가까운 친구와 목재 골조stick framing 경험이 풍부한 해나의 오빠를 포함해서 가족과 친구들이 함께 힘을 모아 견고한 소나무 골격을 세우고 흰색 페인트로 마감한 목재 외장재clapboard로 덧씌웠다. 이 집은 단 46제곱미터의 넓지 않은 면적 위에 2층 반 높이로 숲속을 향해 세워졌다. 이 길고 좁은 집의 모습은 뭔가 어색하면서도 기발한 분위기를 풍기며 마치 로알드 달Roald Dahl 소설에 나올 법한 집처럼 보인다.

브라이언이 말한다.

"이 집을 보면 우리가 도시에서 온 사람들이라는 것을 알 수 있어요. 결국 우리는 타운하우스처럼 만들어버렸죠."

▶ 이 집에서 브라이언과 해나가 직접 만들지 않은 물건은 거실 구석에 놓인 BDDW 램프가 유일하다.

해나는 웃으며 덧붙인다.

"심지어 문은 거꾸로 달았어요."

이후, 이 집은 브라이언의 어린 시절 기억 속 오두막만큼이나 풍부한 색과 질감 그리고 추억을 쌓아왔다. 이제 수돗물 사용이 가능한 원래 오두막은 손님용 게스트하우스로 사용된다. 2017년 브라이언과 해나는 이곳에서 결혼식을 올렸다. 결혼식 준비를 위해 의무적으로 설치해야 했던 정화조 공간을 마련하면서 벌목한 나무들로 결혼식 하객들이 앉을 수 있는 소박한 벤치를 만들었다. 이듬해 해나가 임신하게 되면서, 부부는 그때까지 사용하던 핫플레이트와 지하실에 위치한 식료품 저장고를 대체할 수 있는 제대로 된 주방을 만들기로 결심했다.

브라이언은 결혼식 벤치를 만들 때 사용했던 단풍나무를 활용해 튼튼한 캐비닛 프레임을 제작했다. 문은 소나무로 만들었으며 흰색 페인트로 마감했다. 해나는 2019년 첫째 딸을 출산했다. 딸은 닭장을 기어다니며 놀고, 엄마 아빠의 침실에서 활기 넘치는 요제프 프랑크 Josef Frank* 벽지에 그려진 연못의 잉어와 과일나무를 보며 물고기와 새를 포함한 생애 첫 단어를 배웠다. 또 해나는 둘째 아들을 이 집에서 출산했다.

도시와는 멀어지고 자연과는 가까워진 이 환경은 부부의 작업 활동에 풍부함을 더해주었다. 비록 작은 공간이지만, 해나는 인도, 과테말라, 필리핀 그리고 해나의 고향인 스코틀랜드에서 수입한 직물들을 이곳에 보관했다.

한편, 브라이언은 그의 가구 디자인에 깊은 영향을 준 고대 공예 기법과 재료를 예전보다 더 쉽게 구할 수 있게 되었다. 그의 가구는 섬세한 비율과 완벽한 구조로, 솔직한 셰이커 Shaker 스타일**이다. 깊은 숲속에 들어오면서 부부는 뉴욕의 경쟁적이고 경직된 디자인 환경과는 거리를 두게 되었다.

---

* 오스트리아 출신의 스웨덴 건축가이자 디자이너.
    1933년 나치 독일의 반유대주의 정책을 피해 스웨덴
    스톡홀름으로 이주했다. 빈 모더니스트 운동의 초기
    선구자였으며 식물 패턴을 사용한 가구와 패브릭 등을
    디자인했다.

** 자급자족하는 셰이커교도 공동체의 생활 방식에서 유래한
    양식. 실용적이고 유행을 타지 않는 직선적 디자인이
    특징이다.

해나는 말한다.

"이제 더 이상 다른 사람들이 무엇을 만드는지 신경 쓰지 않아요."

브라이언과 해나는 각자가 가지고 있는 뛰어난 기술과 자연 재료에 대한 공통된 열정을 결합해 이 집을 직접 손으로 변형시켜 실험과 자기표현의 공간으로 변형시키고 있다. 집 안 곳곳에 놓인 침대보와 가구용 직물은 해나가 인도 북서부 쿠치 사막으로부터 수입한 쿠치 양모와 면직물로 제작되었다. 이불 안은 해나와 딸이 매년 여름이 끝날 무렵 채집한 금관화 솜털 씨앗으로 채워져 있다.

거실에 있는 단 하나의 BDDW 램프를 제외하고 부엌 찬장부터 테이블과 의자까지 집 안에 있는 모든 가구는 브라이언의 손을 거쳐 제작되었다. 부엌 캐비닛은 해나가 선택한 짙은 병녹색rich bottle green으로 칠해졌고, 식탁 주변 의자들은 그때그때 분위기에 따라 바뀌는 회전 컬렉션처럼 배치되었다.

브라이언은 말한다.

"아내는 색에 있어서 저보다 훨씬 더 대담하죠."

어린 자녀들과 함께하는 일상의 소란과 자유로움은 오히려 이 집을 완벽하게 만드는 품질 관리의 일부다. 견고함과 내구성에서 비롯된 우아함은 일시적인 유행보다 훨씬 더 나은 기준이 된다.

브라이언이 반복적으로 꾸는 꿈처럼, 윈덤의 이 집은 앞으로도 계속해서 성장하고 변화할 것이다. 조만간 브라이언은 이곳에 자신만의 스튜디오를 만들 예정이다. 현재는 근처 마을에 작업실을 임대하고 있지만, 궁극적으로는 해나를 위한 독립된 작업 공간도 마련할 계획이다.

부부는 집의 지붕을 삼나무나 슬레이트로 다시 덮고 거실에 있는 철제 굴뚝 대신 벽난로를 설치하는 것도 고려 중이다. 그들은 많은 계획을 세우고 있고 건설해야 할 미래가 그들 앞에 놓여 있다. 그중 일부는 심사숙고를 거듭해서 구상되었고 많은 부분은 대략적인 스케치만 되어 있다.

브라이언은 말한다.

"꿈이 있고, 그 꿈은 결국 우리가 살아가는 이유가 되죠. 그 꿈을 꼭 달성할 필요는 없어요. 그저 무언가를 만들면서 과정을 즐기는 것이 중요합니다."

◀ 브라이언과 해나가 단풍나무 수액을 끓여 메이플 시럽을 만드는 오두막 내부 모습. 이곳은 작업 도구 창고로도 사용된다.

▶ 브라이언이 닭장으로 쓰려고 직접 목재로 골조를 세운 구조물이다.

오스트리아 마이어호펜 마을 위쪽
조용한 자리에서 내려다본 알프스 계곡.

티롤의 전초 기지
마리엘라 그리고 뤼트허르 반 데르 제에
오스트리아, 마이어호펜

◀ 오스트리아 티롤 지역의 야생 알프스 풍경 속에서 오두막에 딸린 화장실이 풀과 야생화 사이에 자리하고 있다.

▶ 낡은 베란다는 오두막의 옛 구조에 추가로 덧붙여진 것으로, 긴 등반 후에 치즈와 염장 고기로 간단한 간식을 즐기기에 완벽한 장소다.

마리엘라 반 데르 제에Mariella Van Der Zee의 가족 오두막에 얽힌 전설은 오스트리아 알프스에서 한 여백작과 곰으로부터 시작한다. 20세기 초반, 티롤Tyrol 지방이 아직 합스부르크 왕조의 통치를 받고 있을 때, 마리엘라의 선조 중 한 명이 영지에 상주하지 않는 귀족 가문의 사냥터에서 사냥터지기로 일했다. 제1차 세계대전 이전, 이 귀족들은 현재 오스트리아 서부에 위치한 질러 계곡Ziller Valley, 혹은 질러탈Zilertal로 사냥 여행을 다녔는데, 전해 내려오는 이야기에는 백작이 사냥 여행 중이던 어느 날 마리엘라의 고조할아버지(사실 정확히 몇 대 조상인지는 확실하지 않다)가 곰의 공격을 막아냈다고 한다.

이 용맹한 행동에 감명받은 백작은 감사 표시로, 몇 년 전 자신을 위해 지었던 소박한 나무 사냥 오두막을 그에게 하사했다. 이 오두막은 해발 2,000미터 고도에서 마리엘라(그의 결혼 전 성은 크뢸Kröll이다)가 자란 마이어호펜Mayrhofen 마을을 내려다보고 있다. 그 이후로 이 오두막은 크뢸 가문의 소유로 계속 이어져 내려왔다.

알피니즘, 즉 스포츠 등반은 1900년대 초부터 약 반세기 동안 유럽 엘리트층 사이에서 인기 있는 취미 활동이었다. 질러탈 지역은 그 중심지 중 하나였다. 하지만 그곳에서 농부나 산악 가이드로 일하던 마리엘라의 선조들과 같은 현지인들에게 "사실상 휴일은 존재하지 않았다". 마리엘라의 조상들은 며칠간 계속되는 사냥 여행을 위해 오두막에 머물렀고, 길가에서 야생 꾀꼬리버섯이나 블루베리를 채집하곤 했다.

밤이 되면 그들은 계곡 아래에 있는 아내와 아이들에게 자신이 괜찮다는 신호로 등불을 깜빡였고, 만약 긴급한 상황이 발생하면 가족들은 남자들이 집에 돌아와야 함을 알리기 위해 산봉우리에서도 잘 보이도록 집 마당에 흰 시트를 펼쳐두었다.

◀ 오두막의 소박한 내부는 작은 주방 하나,
식탁 하나, 그리고 사진에는 보이지 않는
간이침대 겸 수납장으로 구성되어 있다.

마리엘라의 어린 시절인 1990년대 초 마이어호펜은 스키를 즐기는 사람들과 등산객들을 위한 리조트 타운으로 변했다. 마리엘라는 8세쯤 열정적인 등반가였던 그의 어머니, 어머니의 친구 그리고 그 친구의 아들과 함께 처음으로 오두막까지 등반했다.

마리엘라는 그때를 회상한다.

"정말 마법 같은 경험이었어요. 온종일 꽃과 열매를 따고, 숲속의 낡은 오두막을 찾아다니며 놀았어요. 물론 위험한 것들도 있었죠."

첫 등반 당시 마리엘라는 오후가 되면서 천천히 밀려오는 먹구름을 보았다. 결국 저녁이 되면서 머리 위로 폭풍우가 몰아치기 시작했다.

"정말 흥미진진했지만 조금 위험하다고 느꼈어요. 그래서 그 경험을 더 마법 같은 시간으로 기억하는 것 같아요. 이곳은 자연이라는 나라이고, 산이 주인인 곳이에요."

이 마법과 같은 경험은 약 20년 후에 또 일어난다. 마리엘라가 미래의 남편이 될 뤼트허르Rutger와 함께 처음으로 오두막에 올랐던 날이었다. 뤼트허르는 그래픽 디자이너, 요리사, 영화 제작자, 운동 코치 등 여러 직업을 거쳐 가장 최근에는 가구 디자이너와 목수로 활동하고 있다.

두 사람은 2007년경 마이어호펜에서 처음 만났다. 암스테르담에서 자란 뤼트허르는 스노보드와 관련한 영상을 만들기 위해 질러 계곡에 왔고, 당시 런던의 패션 업계에서 일하고 있던 마리엘라는 휴가차 고향에 돌아왔다. 얼마 지나지 않아 뤼트허르는 영화 분야에서의 커리어를 쌓기 위해 마리엘라와 함께 영국으로 이주했다.

결국 두 사람은 시골 생활에 대한 꿈을 키우기 시작했다.

뤼트허르는 말한다.

"우리 둘에게 어린 시절 최고의 기억은 부모님의 간섭 없이 가로등이 꺼질 때까지 밖에서 뛰어놀던 시간이었어요."

마리엘라도 도시 생활에 대한 막연한 동경심을 버리게 되었다.

"어린 시절 누렸던 것을 그리워하기 시작했어요."

그렇게 해서 2018년 여름, 두 사람은 5년간의 짧은 암스테르담 생활을 정리한 후 마이어호펜으로 이사했고, 그곳에서 첫아들을 낳고 곧 결혼식을 올렸다. 오스트리아에 정착한 후, 뤼트허르는 목공 장인 자격증을 취득했고, 대담하게 조각한 가구를 만드는 작업실인 '스튜디오 반 데르 제에'를 열었다. 마리엘라는 프리랜서 사진가이자 아트 디렉터로 일하고 있다.

마리엘라는 말한다.

"질러 계곡의 풍경도 다른 곳들과 마찬가지로 시간이 흐르면서 많이 변했지만, 오두막으로 가는 길만큼은 변하지 않았어요."

이 오솔길은 마리엘라의 가족들과 이 길 위에 있는 유일한 또 다른 오두막에 머무는 사냥꾼들만 사용한다. 등반은 좁은 강 위에 놓인 케이블 다리에서 시작한다. 다리를 건너면 울창한 숲 사이로 구불구불 오솔길이 이어지고, 숲을 지나면 이슬 맺힌 초원이 펼쳐진다. 초원이 끝나는 곳에서 오솔길은 전나무, 가문비나무, 우산소나무 숲 사이로 이어지며, 점점 더 좁고 가파른 경사를 만들며 올라간다.

숲이 끝나는 지점에 다다르면 실레네 불가리스와 아르니카 꽃, 피었다가 진 할미꽃의 솜털 씨앗 사이로 오두막이 모습을 드러낸다. 이 등반은 최대 네 시간이 걸리며, 오두막에 이르기까지 매 순간이 도전의 연속이다. 뤼트허르는 두 시간이면 충분하다고 말한다.

손으로 톱질한 나무 기둥으로 지은, 나무 상자 같은 소박한 오두막 내부에는 작은 나무 탁자, 가스레인지, 그리고 잠자리로 사용되는 쿠션들만 놓여 있다. 뒷벽에 걸린 가족사진 몇 장이 이 집의 유일한 장식품이다. 전기는 들어오지 않고 식수는 오두막에서 15분 정도 떨어진 산속 샘에서 길어 와야 한다. 그곳에 가려면 서쪽 비탈을 따라 좁은 오솔길을 걸어가야 한다. 허술한 현관에서는 가파른 경사면 사이를 누비며 펼쳐진 세 개의 계곡이 내려다보인다.

마리엘라는 어린 시절에도 악천후와 험난한 등반길 때문에 일 년에 두 번 이상 이곳에 오르지 않았다. 뤼트허르와 가정을 꾸린 이후, 방문 횟수는 더 줄어들었다.

뤼트허르는 매년 친구들과 한두 번 오두막에 다녀오지만, 하룻밤 이상은 머무르지 않는다. 부부는 아이들이 좀더 자라면 이곳에 장기간 머무르기 위한 준비로, 뤼트허르의 섬세한 목공 기술을 활용해 오두막 내부를 개조하려고 고민하고 있다. 하지만 현재로서는 먼 거리감이 이 오두막의 매력의 일부다.

마리엘라는 말한다.

"산은 우리에게 아무것도 공짜로 주지 않아요. 한 걸음 한 걸음 전부 노력해서 얻어야 하죠. 힘들게 얻어야 한다는 사실이 그곳을 훨씬 더 의미 있게 만든답니다."

오두막에 붙은 가족 추모비는 마리엘라의 큰삼촌을 기리기 위해 세워졌지만, 이제는 세상을 떠난 모든 사랑하는 이를 위한 상징이 되었다.

해발 약 1,200미터 높이에서 스키 마을 마이어호펜을
내려다보는 이 오두막은 서로 연결된 세 개의 계곡을
한눈에 조망할 수 있는 압도적인 전망을 자랑한다.

집은 언젠가 땅으로 돌아간다

조병수와 김은실

대한민국, 양평

◀ 안뜰과 물 정원을 중심으로 설계된 이 집은 마치
깊은 산속 수도원과 같은 분위기를 자아내고 있으며,
시간의 흐름을 온전히 바라볼 수 있도록 디자인되었다.

▶ 주말 휴가를 위해 지어진 콘크리트 박스 집은 짧은
기간 동안 거주하는 데 필요한 기본적인 편의 시설을
갖추고 있다. 그중에는 세련되고 기능적인
주방도 포함되어 있다.

2004년 가을, 건축가 조병수는 서울에서 동쪽으로 약 48킬로미터 떨어진 양평에 위치한 자신의 전원주택 공사 현장을 방문했다. 당시 집은 노출 콘크리트 벽, 콘크리트 지붕, 철거된 두 곳의 불교 사찰에서 가져온 수백 년 된 목조 기둥, 한 변이 7미터인 정사각형 안뜰로 이루어져 있었다. 안뜰은 위로 탁 트인 하늘을 마주하고 있었고, 벽과 기둥은 날것 그대로의 형태였다.

"그때 그 공간에 들어갔을 때 정말 아름다워서 놀랐어요."

20년이 지난 지금도 조병수는 그 순간을 생생하게 기억한다.

"마치 깊은 산속에 버려진 고대 사찰 같았죠."

그러나 그해 말 완공된 집에 다시 돌아왔을 때, 벽은 눈부신 흰색 페인트로 칠해져 있었고, 바닥은 매끄러운 소나무 판자로 덮여 있었다. 사찰 같았던 그 공간은 그저 주말마다 방문할 전원주택이 되어 있었다.

"완성된 집을 보니 너무 실망스러웠어요."

조병수는 쓴웃음을 지으며 어깨를 으쓱했다.

"항상 그 첫 순간이 그리웠죠."

조병수는 이 전원주택을 짓기 거의 10년 전, 서울에 조병수건축연구소를 설립했다. 초기 몇 년 동안 그는 자신의 관심사나 건축 철학보다는, 고객의 요구와 취향에 맞춘 프로젝트를 진행해야 했다. 그가 건축한 양평의 집들 중 하나는 고객의 친구들, 특히 많은 예술가 사이에서 큰 관심을 불러일으켰다. 이 예술가 친구들은 조병수의 작업을 본 후, 공동 투자를 통해서 하나의 자급자족형 예술가 마을을 만들자고 제안했다.

조병수가 그 마을의 전체 설계를 맡기로 결정했다. 얼마 지나지 않아 그의 고객들과 25명의 투자자가 약 12만 제곱미터의 땅을 구입했다. 경사진 부지에 진입로와 구획선을 설계하고, 모든 건축 디자인을 승인하는 조건으로 중앙 부지를 조병수에게 제공하기로 했다.

◀ 위에서 쏟아지는 빛줄기가 돌과 도자기
컬렉션을 부드럽게 비춘다.

"물론 당시 저는 돈이 전혀 없었고, 가능한 한 저렴한 집을 지어야 했어요. 그 당시 제 사무소는 설계한 건물을 직접 짓는 방식으로 운영되었기 때문에, 시공 팀에게 지금 가지고 있는 자재가 무엇인지 물었어요. 그랬더니 시멘트와 3.6미터짜리 목재 거푸집이 있다고 하더군요. 그래서 '좋아요, 그럼 건물 높이는 3.6미터입니다'라고 결정했죠."

비용을 더 절감하기 위해 조병수는 몇 년 동안 보관해온 기둥을 재활용했다. 두 번의 콘크리트 타설만으로 집을 완성하기 위해 단순한 형태의 집을 설계했다. 첫 번째 타설은 기초와 바닥, 두 번째 타설은 벽과 지붕을 위한 것이었다.

"보통 제 집은 적어도 일곱 번은 타설해야 완성되는데, 이 집은 두 번 만으로 끝냈어요."

조병수가 덧붙여 설명했다.

"저에게 이 집은 최소한의 건축 개입으로 땅과 나무, 물과 하늘을 최대한 경험하게 하는 실험이었어요."

그러나 조병수의 기준으로 이 실험은 충분히 극단적이지 않았다. 처음에 그는 집을 완전히 땅속에 묻고 싶었다. 이는 '형태 없이 오로지 경험만을 제공하는 건축'에 대한 그의 오랜 관심을 실현하고자 한 것이었다. 그는 이런 생각을 하버드 대학원 시절부터 품어왔다. 당시 그의 논문 프로젝트는 고대 도교의 음과 양 개념을 미국 아티스트 리처드 세라Richard Serra의 초기 작품과 연결 짓는 것이었다. 특히 세라의 '하우스 오브 카드'House of Cards는 납판 네 개가 상자 형태로 균형을 이루는 구조로, 형태보다는 비어 있는 공간 자체의 경험에 초점을 맞추었다.

"건축으로 존재하지 않는 것을 탐구할 수 있을까? 이미 지어진 공간에서 '존재'(양)가 아닌 '부재'(음)를 표현할 수 있을까?"

그러나 그의 팀원들과 시공업자들은 습기와 환기 문제를 이유로 완전 매립형 설계에 반대했다. 조병수는 이 의견에 동의했고, 집을 언덕에 묻는 대신 완만한 경사면 위에 짓기로 했다. 집의 구조는 일상생활에 필요한 공간들, 즉 주방, 침실, 욕실로 구성되었고, 중심에는 물 정원이 있는 안뜰을 배치했다. 계절마다 변화하는 나무 그늘 아래에서 느긋한 하루를 보낼 수 있는 공간으로 설계했다.

2008년 예술가 마을의 초기 투자자 중 한 명이었던 조병수의 형이 자신의 부지를 팔기로 결정했다. 조병수는 이 기회를 놓치지 않고 땅을 구입했다. '이번에는 제대로 된 집을 짓자'고 그는 결심했다. 약 32제곱미터 크기의 구덩이를 파고, 얇은 콘크리트 옹벽을 세운 후, 파낸 흙을 활용해 흙벽을 만들었다. 공간의 절반은 콘크리트 지붕으로 덮었고, 나머지 절반은 자연 그대로 노출되도록 설계했다. 실내 벽에는 한지를 사용했고, 바닥에는 콩댐한 한지 장판을 사용해 전통 한옥 특유의 아늑한 친밀감을 연출했다.

조병수는 설명한다.

"이 집의 개념은 언젠가 필요 없게 되면, 자연스럽게 땅으로 사라지게 하는 것이었어요. 외벽은 철거하고, 콘크리트는 재사용할 수 있겠지만, 흙벽은 다시 땅으로 돌아가게 될 겁니다."

조병수는 이 프로젝트에 '땅집'이라는 이름을 붙였다.

콘크리트 박스 집이 일반적인 주거 공간으로 기능했던 반면, 땅집은 의식과 명상을 위한 공간으로 구상되었다. 시詩와 대화, 그리고 차분한 축제를 위한 장소로 설계된 것이다. 콘크리트 박스 집에서는 조병수와 그의 아내 김은실이 친구들을 초대해 바비큐 파티와 소규모 모임을 열었다. 그러나 땅집에서는 좀더 사색적이고 깊이 있는 즐거움에 집중했다. 밤이 되면 지하의 등대처럼 은은히 빛나는 이 공간에서 조병수는 자기만의 '사원'temple을 만들기로 결심했다.

이 집은 한국 시인 윤동주에게 헌정되었다. 윤동주는 일제 강점기 일본 감옥에서 광복을 몇 달 앞두고 스물일곱 살의 나이로 생을 마감한 비운의 시인이다. 조병수는 윤동주의 작품에서 자신의 건축물만큼이나 간결하면서도 아름다운 미학을 발견했다. 특히 「자화상」自畫像이라는 한 편의 시에 깊이 매료되었다.

시는 이렇게 시작된다.

"산모퉁이를 돌아 논가 외딴 우물을 홀로 찾아가선 가만히 들여다봅니다."

화자는 우물가를 오가는 자신의 모습을 묘사하면서, 우물 속에 비친 남자에 대해 증오와 연민 사이를 오가는 감정을 경험한다. 그리고 그 반영된 자아를 계속 바라보게 만드는 강렬한 충동을 느낀다.

"우물 속에는 달이 밝고 구름이 흐르고 하늘이 펼치고 파아란 바람이 불고 가을이 있습니다."

연약함과 자비에 대한 그의 성찰은 이렇게 마무리된다.

"가을이 있고 추억처럼 사나이가 있습니다."

윤동주가 우물가로 돌아가듯 조병수도 수없이 콘크리트 박스 집으로 돌아왔다. 처음 완공 당시의 실망감에도 불구하고, 그는 계속해서 그곳을 찾았다. 2021년 안뜰로 이어지는 창문을 수리하던 중 조병수는 집 안의 세련된 인테리어를 모두 철거하기로 결심했다. 20년 전 그가 처음 반했던 상태로 되돌리기 위해서였다.

현재 콘크리트 벽은 노출된 채로 남아 있고, 바닥은 자갈로 덮여 있다. 콘크리트 박스 집은 다시 한번 깊은 산속에 버려진 사원이 되었다. 언덕 아래 우물처럼 잠긴 땅집의 사색적인 확장 공간으로 존재하게 되었다. 현재 조병수는 이곳에서 잠을 자는 일이 거의 없다. 대신, 이 집을 친구들과 동료들을 위한 모임 장소로 사용한다. 물 정원에 떨어진 가을 낙엽을 치우고, 차와 와인을 마시며, 미학적 감수성을 형성하는 불안정함과 막연함, 그리고 비움에 관한 대화를 나눈다.

반쯤 허물어진 콘크리트 박스 집은 망각과 재탄생, 어둠과 빛, 부재(음)와 존재(양) 사이에 아슬아슬하게 서 있다. 콘크리트 박스 집과 땅집은 모든 만물이 그러하듯이 결국 언젠가 사라질 것이다. 웅장하면서 무심한 산은 이 겸허한 진리를 세상에 가장 명확하게 상기시키는 존재일지도 모른다.

그날이 오면, 이 집들이 남기는 것은 밝은 달과 흐르는 구름, 펼쳐진 하늘과 푸른 바람뿐일 것이다. 그리고 그곳에 한때 서 있었던 사람들은 추억에 불과한 존재로 남게 될 것이다.

▶ 콘크리트 박스 집을 완성하고 4년 후, 인근 땅에 지은 조병수 건축가의 땅집은 땅속에 완전히 파묻힌 구조로 건축을 물리적 오브제가 아닌 순수한 공간 경험으로 탐구한 결과물이다.

▶ 간결함과 경제성을 염두에 두고 설계된 콘크리트 박스 집은 일반적으로 최소 일곱 차례에 걸쳐 콘크리트를 타설하는 조병수의 다른 프로젝트들과 달리 단 두 번의 타설로 완공되었다.

▶ 콘크리트 박스 집은 서울 외곽의
한 예술인 마을 중심부에 자리하고 있다.

산타 카타리나의 고고학 유적지

에마뉘엘 피코

멕시코, 테포스테코산맥

◀ 고고학을 전공한 에마뉘엘은 집의 도면을 땅 위에 직접 그려가며 기초 배치를 구상했고, 벽체가 상승하는 과정을 관찰하며 일종의 '역발굴' 방식으로 공간을 구성했다.

▶ 출입구나 창문 없이 설계된 이 집은 개방형 콘크리트 지붕 아래의 석재 현관에서 드러나듯 높은 공간 투과성과 개방성을 특징으로 한다.

디자이너 에마뉘엘 피코Emmanuel Picault는 9세기 바이킹들이 정착했던 노르망디의 한 도시에서 자라면서 어른이 되면 멕시코 사람이 되고 싶다고 부모님에게 말하곤 했다. 에마뉘엘은 어릴 때부터 고고학에 관심이 많았다. 특히 자신이 살던 곳에서 지구 반 바퀴만큼 떨어진 위대한 문명의 발생지인 마야와 아즈텍 문명의 도시들에 매료되었다.

1980년대 후반, 열일곱 살이 된 에마뉘엘은 처음으로 멕시코 여행을 떠났다. 배낭을 메고 유카탄반도와 치아파스Chiapas주의 마야 유적지를 탐방하며 과테말라와 벨리즈까지 국경을 넘는 긴 여행이었다.

"그 여행은 나의 세계관과 감정 등 모든 것을 형성하는 데 절대적인 영향을 미쳤어요."

스물여섯 살이 되던 해 에마뉘엘은 멕시코로 이주하기로 결심한다. "이 하세르메 멕시카노, 칭가도"(멕시코 방언으로, "그리고 나는 멕시코인이 되겠어, 젠장"). 코스타리카 출신 멕시코 가수 차벨라 바르가스Chavela Vargas가 언젠가 "멕시코 사람은 어디서든 태어날 수 있습니다"라고 말한 것처럼.

에마뉘엘이 멕시코시티에 도착한 지 1년 후인 2000년, 그는 디자인 스튜디오 겸 갤러리인 시크 바이 엑시던트Chic by Accident를 설립하고, 도시 안에 있는 모든 시장을 뒤져서 구한 앤티크 오브제와 가구들로 공간을 가득 채웠다. 에마뉘엘은 자신을 단순한 디자이너가 아닌 "서로 다른 요소를 모아 하나로 완성하는 사람"이라는 의미의 앙상블리에ensemblier라고 설명한다. 그는 멕시코시티의 새로움을 깊이 사랑했지만, 곧 "멕시코시티에서 살려면 자주 탈출해야 한다"는 사실도 깨달았다.

에마뉘엘 피코는 2006년 무렵 멕시코시티에서 남쪽으로 한 시간 정도 떨어진 모렐로스Morelos주의 야우테펙Yautepec 마을에서 1930년대에 지어진 소박한 어도비adobe 양식*의 집과 멋진 정원을 발견했다. 몇 년 후, 야우테펙의 정원사

◀ 정해진 용도가 없는 이 집의 다양한 공간 중 하나에 놓인 '데이베드'는 도시에서 벗어나 개인적 휴식을 취할 수 있음은 물론 친구들과 함께하는 주말 파티 모두에 어울리는 유연한 공간 구성을 보여준다.

▲ 전체적으로 이 집은 격식을 갖춘 침실, 오픈 갤러리, 그리고 에마뉘엘이 야외 낮잠용으로 매트리스와 담요를 펼쳐놓는 다용도 공간 등에서 최대 20명까지 숙박이 가능하다.

▶ 공간 구획용 스크린은 멕시코 남부 마야 문명에서
역사 기록 및 전달 수단으로 사용된 상형문자의
조형적 정교함을 연상시킨다. 이는 에마뉘엘이
어린 시절부터 매료되었던 주제다.

가 에마뉘엘을 근처 산타 카타리나Santa Catarina 마을에 있는 가족의 킨세아녜라quinceañera, 즉 성년식에 초대했다. 산타 카타리나는 작은 농업 공동체로 테포스테코산맥Tepozteco Mountains 서쪽 끝에 위치하고 있다. 이곳은 15세기 후반에 지어진 아즈텍 신전이 자리 잡고 있는 성스러운 산으로, 숲이 우거진 깎아지른 듯한 절벽이 특징이다.

에마뉘엘은 회상한다.

"그 마을에는 차가 다니지 않고, 출구도 없었어요. 작고 비밀스러운 곳이었죠."

마을 주변을 거닐던 에마뉘엘은 약 12미터 높이의 옹벽을 발견했다. 그 높은 옹벽은 거의 사용되지 않는 농지와 트랙터 보관용 창고 두 개가 있는 높은 지대를 떠받치고 있었다. 에마뉘엘은 그 땅을 구입하고 가장 먼저 창고를 철거한 뒤 수영장을 만들었다.

"수영을 하면서 생각하고, 생각하고, 또 생각하면서 집을 디자인하고 싶었어요."

수중에서 시작된 디자인은 지금도 여전히 유효한 이 집의 유동적이고 즉흥적인 설계 방식에 잘 어울렸다.

에마뉘엘은 제일 먼저 근처 채석장에서 화산암을 매주 약 3톤씩 구입하고는 석회 가루를 사용해 땅에 직접 도면을 그렸다. 그를 처음 산타 카타리나로 초대했던 인물, 야우테펙의 정원사와 그의 아들은 이 집을 짓는 데 유일하게 참여한 사람들이었다. 정원사 부부는 에마뉘엘이 석회 가루로 그린 유일한 설계도를 따라 벽을 쌓았다.

"일주일 후에 다시 와 보면, 짠! 벽이 서 있었어요!"

* 모래, 점토, 식물 섬유 등을 섞어 만든 진흙 벽돌 건축.
북아메리카 남서부와 북아프리카 그리고 중동 같은
건조 기후 지역에서 널리 사용됐다.

벽이 세워진 후, 거친 콘크리트 기둥이 들어섰다. 그로부터 3년 후에 이 기둥들은 집의 평평한 콘크리트 지붕을 지탱하게 된다. 그사이 몇 년 동안, 에마뉘엘은 벽과 기둥을 흰색으로 칠했고, 모렐로스 고속도로 주변 식물원에서 사용하는 검은색 차양막을 걸어 강렬한 산의 햇빛을 차단했다. 방 한 곳을 선택해서 임시로 지붕을 얹어둔 후, 기본적인 가구 몇 개를 보관해두었다가 주말에 도시를 떠날 때만 꺼내 사용했다.

"멋진 유목 생활 같은 경험이었어요."

지붕을 올린 후에도 에마뉘엘은 문과 창문이 있어야 할 틈새를 개방된 상태로 두고, 집의 구조를 유동적이고 직관적으로 설계했다. 그의 집은 마치 고고학 유적지처럼 보이는데, 한창 진행 중인 작업인지 아니면 반쯤 지어진 상태에서 버려진 것인지 모호한 느낌을 준다.

이 집에는 엄격하게 구분된 침실이나 고정으로 배치된 가구가 없다. 대신 카펫, 매트리스, 쿠션을 자유롭게 배치해 최대 20명의 방문객이 원하는 곳 어디서든 잠자리에 들 수 있다. 지붕 위, 갤러리, 수영장 옆 등 모두 취침 장소가 된다.

에마뉘엘은 말한다.

"저는 보통 새벽 5시쯤 눈을 뜨는데, 한참 자고 있는 친구들의 모습을 볼 수 있어요. 그 순간이 제게는 가장 소중해요."

이 집은 세월이 흐르며 시간과 함께 유연하게 변화해왔다. 건축 폐기물 더미 위에 풀이 자라면서, 마치 반쯤 파괴된 피라미드가 서서히 땅에 흡수되는 것 같은 지형이 만들어졌다. 에마뉘엘은 이곳이 산을 배경으로 집을 가장 아름답게 감상할 수 있는 장소임을 깨닫고, 콘크리트로 사방이 트인 식사용 별관을 만들었다. 한때 평평했던 목초지는 건조한 겨울에는 휴면기에 들어가지만 여름이 오면 생명력이 폭발하는 정원으로 변모한다. 에마뉘엘은 약 20미터 길이의 벽면이 이끼와 지의류로 덮이도록 그대로 두었는데, 매년 우기에는 믿을 수 없을 정도로 다채로운 초록색 그러데이션이 벽을 물들인다.

"저는 이곳을 집이라고 생각하지 않아요. 이곳은 가까운 친구들을 초대해서 축하하거나 성찰하고 때로는 슬픔의 순간을 함께하는 공간이죠. 우리는 책을 읽고, 음악을 듣고, 정원을 가꾸고, 낮잠을 자요. 요리도 하고, 모닥불을 피우고, 갤러리와 정원에서 긴 밤을 새우기도 하죠."

코로나19 팬데믹 기간 동안 에마뉘엘은 땅의 가장자리 옹벽 근처에 80명을 수용할 수 있는 원형극장을 만들었다. 이곳에서 그와 친구들은 시를 낭송하고, 그날 아침에 쓴 대본을 즉석에서 공연하기도 했다.

에마뉘엘은 말한다.

"이 모든 프로젝트의 본질은 가장 큰 자유를 허용하는 공간을 창조하려는 의지에서 비롯됐어요. 육체와 정신 모두를 위한 자유죠. 또한 아름답거나 힘든 순간을 위한 공간이기도 하고요."

여전히 이 집에는 구체적인 설계도나 평면도가 존재하지 않는다. 에마뉘엘은 집이 완성되었다고 생각할 때 비로소 그것들을 작성할 생각이지만, 이 집을 완성할 생각이 전혀 (그리고 기쁘게도) 없다. 고고학 유적지가 결코 완성되는 법이 없듯이, 이 집도 완성되지 않을 것이다. 늘 새로운 비밀과 친밀함을 드러내며, 언제까지나 이야기가 계속되는 공간으로 남을 것이다.

프랑스-멕시코 출신 디자이너 에마뉘엘 피코가 멕시코시티 외곽의 전원주택을 설계하면서 처음으로 계획한 공간은 수영장이었다. 이 수영장을 중심으로 프로젝트 전체의 개방되고 유동적인 공간 구조를 구상했다.

테포스테코산맥이 보이는
탁 트인 식사용 별관.

▶ 에마뉘엘은 집을 조각조각 디자인하면서 사진에 보이는 벽에 사용된 것과 같은 화산암을 현지 채석장에서 대량으로 구입했다.

▶ 현지 현무암으로 지어진 이 집은 한편으로는 아즈텍 유적 같기도 하고, 외벽의 석고가 벗겨진 식민지 시대의 대농장 같기도 하며, 멕시코의 미드센추리 건축 디자인을 떠올리게도 한다.

알프스에 깃든 모더니즘

페르네트 페리앙과 자크 바르삭

프랑스, 메리벨

◀ 박공지붕 아래 이중창은 알프스 지역의 부족한 햇볕을 효과적으로 끌어들여 집 안을 따뜻하게 유지시킨다. 이는 지역의 전통적 헛간 형식에 현대적 기술을 접목한 것이다.

▶ 샤를로트 페리앙이 디자인한 아이코닉한 가구들로 둘러싸인 아래층의 거대한 돌 벽난로는 가족과 친구들이 모여 모닥불 옆에서 술을 마시고 노래하고 카드놀이를 즐기는 이 집의 중심 공간이다.

    1936년 6월 프랑스 전역에서 대규모 파업이 일어난 후, 새로 수립된 인민 전선 정부는 역사적인 마티뇽 협정Matignon Accords에 서명했다. 이 협정은 노동자들에게 12일간의 유급 휴가를 보장했고 이는 노동권의 역사, 프랑스의 역사는 물론 알프스의 역사에서 중요한 전환점이 되었다.

    같은 해 약 60만 명의 사람이 프랑스 시골 마을로, 해변으로, 산으로 여행을 떠났다. 이는 도시 노동자들이 이전에는 한 번도 보지 못했던 자연 풍경을 마주하는 순간이었다. 울퉁불퉁한 봉우리와 돌담, 샬레Chalet*가 있는 오트사부아Haute-Savoie의 알프스 고지대는 더 이상 부유층만의 놀이터로 남을 수 없었다.

    변화한 시대에 걸맞는 새로운 건축 양식이 필요했다. 좀더 경제적이면서 평등하고, 품위 있으면서도 현대적이며, 변화하는 국가와 세계의 정신을 반영하는 것이어야 했다. 파리 출신의 건축가이자 디자이너인 샤를로트 페리앙Charlotte Perriand은 이 모든 것에 준비되어 있었다.

    샤를로트는 1925년부터 산악 스포츠 애호가였다. 당시 가장 유명한 산악 가이드 중 한 사람에게서 등산 훈련을 받기도 했다. 샤를로트의 사위이자 그의 작품에 대해 세 권의 책을 쓴 저자이기도 한 자크 바르삭Jacques Barsac에 따르면, 그 산악 가이드는 산에 대한 깊은 지식이 너무나 깊어서 '교황'이라고까지 불렸다고 한다.

*   스위스 산간 지방의 지붕이 뾰족한 목조 주택.

샤를로트 특유의 효율적 디자인이 돋보이는 요소들.
손님용 침대로 활용할 수 있는 데이베드와
두 개의 층을 연결하는 계단의 첫 단이 되어주는
이동식 나무 상자가 그 예다.

◀ 효율적으로 설계된 주방은 산악 대피소를 제작하기 위해 고안한 초기 디자인을 떠올리게 한다. 이는 주로 장거리 산행 중 밤을 보내야 하는 등산가들을 위한 것이었다.

1927년부터 샤를로트는 르 코르뷔지에와 그의 사촌 장 잔느레와 함께 강철 튜브를 이용한 아이코닉한 가구를 디자인하고 회화, 벽화, 직물 등을 통합한 실내 디자인 작업을 했다. 이 작품들은 미래지향적이면서도 감각적인 촉각 경험을 강조했고, 아름다움뿐 아니라 기능성을 동등하게 추구하는 혁신적인 인테리어로 시대를 선도했다.

1930년대를 지나면서 샤를로트는 조립식 산악 대피소Alpine shelter와 과감한 현대적 호텔을 디자인했다.

자크는 말한다.

"어머님은 항상 산과 자신의 작업을 연결하셨어요. 그곳에는 산속 삶의 특징이라고 할 수 있는 양성평등, 팀워크와 협력, 도전과 모험, 그리고 끝까지 인내하는 마음이 모두 녹아 있었지요."

그러나 이 시기의 많은 프로젝트는 도면 속에만 머물거나 프로토타입으로만 제작되었다. 지엽적 장식에서 벗어난 그들의 과감한 미학은 부르주아 취향에 맞지 않았던 것이다. 샤를로트는 시대를 앞서간 예술가였다.

1940년 독일이 파리를 점령한 직후, 샤를로트는 프랑스를 떠나 일본에서 일했고, 베트남에서 전쟁이 끝날 때까지 기다리다가 6년 후 프랑스로 돌아왔다. 그는 곧 사부아Savoie 지방으로 돌아가 메리벨Méribel 마을의 리조트 건설 프로젝트에 참여하게 되었다. 자금 부족으로 프로젝트가 중단될 위기를 맞은 영국 개발업자는 샤를로트에게 현금 대신 땅으로 보수를 지급하겠다고 제안했다.

샤를로트는 전나무와 사시나무로 둘러싸이고 초원 가운데 시냇물이 흐르는 한적한 땅을 선택했다. 10년이 지난 1961년, 그는 마침내 이 숲속에 자신만의 은신처를 완성했다. 이 집은 전통과 현대, 공동체와 고독 사이에서 절묘한 균형을 이뤘다. 샤를로트만의 독창적인 미학을 순수하게 표현한 작품이었다.

샤를로트의 초기 설계안에는 식물로 덮인 경사진 지붕이 포함됐는데, 이는 그의 첫 호텔 디자인에서 차용한 것으로 노르웨이의 전통 가옥에서 영감을 받은 친환경적인 디자인이었다. 그러나 사부아 지역의 건축 규정은 이 지방의 전통 양식인 박공지붕을 사용할 것을 요구했고, 첫 번째 설계안은 거절

됐다.

샤를로트의 딸이자 자크의 아내인 페르네트 페리앙Pernette Perriand은 말한다.

"그후 어머니는 인근 마을들을 모두 둘러보시면서 영감을 얻으려고 하셨어요. 집, 헛간, 농가의 건축 양식을 차용해서 구조가 드러나는 돌벽과 결합시켰죠."

샤를로트는 현대성을 과시하는 대신 두 개의 층이 각각 40제곱미터에 불과한 소박한 샬레를 더 미묘한 방식으로 변형했다. 그는 추위를 차단하는 이중창을 사용하여 두꺼운 돌벽에 거대한 창문을 만들었다. 이를 통해 바깥의 풍경을 내부로 들여와 자연과 집의 경계를 사실상 허물어뜨린 것이다. 1층은 집의 주요 사회적 공간으로 언덕 속에 반쯤 묻힌 구조로 배치되었다. 중앙에는 개방형 벽난로가 있어서 따뜻하고 아늑한 분위기를 연출했다.

2층에는 박공지붕 아래 유리 패널을 설치해 시각적인 개방감을 주었고, 나무 패널과 돌을 사용해 공간에 따뜻함과 친밀감을 부여했다. 미닫이 나무 패널을 설치해 공간을 순식간에 재배치할 수 있도록 설계했다. 손님들이 잠잘 수 있는 아늑한 공간이나, 효율적인 미니 주방의 금속 조리대를 필요에 따라 감추거나 드러낼 수 있게 했다.

짚으로 짠 바닥 매트는 일본식 디자인의 우아한 패턴을 떠올리게 하면서 동시에 사부아 지역 전통 가옥의 건초 다락방을 연상시킨다. 샤를로트는 자신의 침실을 아침 햇살이 가장 먼저 들어오는 창문 아래에 배치해 따뜻한 햇빛이 방을 부드럽게 감싸도록 했다.

샤를로트에게 이 샬레는 "에너지를 충전하고 창의력을 되찾게 해주는 장소였다"고 자크는 회상한다. 하지만 이 샬레는 금욕적인 은둔처가 아니었다. 언제나 집 안은 음악, 요리, 카드 게임, 가족과 친구들로 가득했으며, 이들 중에는 집을 짓는 데 도움을 준 목수와 장인들, 이웃 농부들도 언제나 포함되어 있었다.

샤를로트가 처음으로 집들이 파티를 열었을 때 벽난로에 불을 붙였는데, 연통이 제대로 작동하지 않아서 집 안이 연기로 가득 찬 일도 있었다.

"첫날부터 집에서 연기가 쏟아져 나오는 걸 보고 눈물을 흘리며 밖에 서 있는 사람들의 모습이 정말 재미있었어요."

페르네트는 이 집이 지니고 있는 수십 년의 추억을 떠올리며 웃는다.

"모두가 어머니의 샬레 첫 파티를 기억하고 있어요."

건축 당시의 모습을 그대로 유지하는 이 샬레는 2016년부터 역사적 기념물로 공식 지정 및 보호를 받고 있다. 그러나 이곳은 결코 과거의 유물이 아니다. 여전히 생동감 넘치는 살아 숨 쉬는 공간으로, 음악과 웃음 그리고 빛으로 가득 찬 역사적인 장소로 남아 있다.

벽에 나무 패널을 덧댄 2층에는 다다미가 깔려 있다.
이 바닥재는 샤를로트가 일본에 머무르던 시기를
떠올리게 할 뿐 아니라, 사부아 전통 가옥의
건초 다락방을 연상시킨다.

◀ 두껍게 쌓은 석재 벽은 사부아 지역의
전통 헛간을 닮았다.

▶ 넓은 창을 통해 바깥 풍경이 내부로 스며든다.
당시로선 새로운 기술이었던 이중창 덕분에 가능했다.
산업 자재에 대한 샤를로트의 직관적인 이해를
잘 보여주는 좋은 예다.

숲속에서의 끝없는 전쟁, 브로조

찰스 드릴과 랄프 데니스

미국 캘리포니아, 소노마 카운티

◀ 숲속에 둘러싸인 이 집은 캘리포니아 특유의 야생과 매우 근접해 있다. "마치 캠핑하는 기분이에요"라고 찰스는 말한다.

▶ 욕실 창 너머로 보이는 이사무 노구치(Isamu Noguchi)의 아카리(Akari) 램프가 이 고요한 풍경에 따뜻한 빛을 더한다.

2019년 여름, 인테리어 디자이너 찰스 드릴Charles De Lisle은 캘리포니아 소노마 카운티Sonoma County의 외딴 시골에 있는 자신이 최근 복원한 오두막 주변의 정원을 가꾸고 있었다. 이 오두막은 원래 침실 두 개짜리 집의 부속 건물이었고, 본채는 여전히 폐허 상태로 남아 있었다. 어느 날 정문을 지나 집으로 들어서는데, 갑자기 처마 위로 드리워진 눈부신 초록빛 잎들이 보였다. 처음에는 묘목장에서 보내온 새로운 식물이라고 생각했다. 하지만 찰스는 곧바로 상황을 다시 파악했다. 나무 한 그루가 쓰러졌는데, 가지 하나가 기적적으로 집 처마 위에 살포시 기대어 멈춘 것이다.

"그 순간 저는 '이제 친구를 불러서 전기톱을 써야겠구나' 하고 생각했어요."

찰스는 태연한 미소를 지으며 이런 예측 불가능한 사건들이 숲속 생활의 일부라고 말한다.

"이곳에서는 모든 것이 영원하지 않다는 점이 오히려 좋아요. 인간은 자연을 통제할 수 없는 존재인 것을 온몸으로 느끼게 되거든요."

찰스는 어린 시절을 뉴햄프셔주 남쪽 경계 근처 매사추세츠주의 낮은 산악 지대에서 보냈다. 그가 30년간 살아온 북부 캘리포니아의 야생성은 전혀 다른 차원이었다. 2018년에 두 번째로 그 지역에 토지를 구입한 이후, 찰스와 그의 파트너인 인테리어 디자이너 랄프 데니스Ralph Dennis는 자신들의 땅 근처에 흐르는 개울가에서 퓨마가 남긴 거대한 발자국을 발견했다. 이후, 그들은 오두막 구석에 그물망을 설치해놓고 집 안으로 들어오려는 온갖 생명체와 끊임없는 사투를 벌이고 있다.

"이곳은 끝없는 전쟁터예요. 온갖 생명체가 집 안으로 들어오고 싶어 하니까요."

찰스는 웃으며 말한다.

합판으로 마감된 집의 중심 공간은 침실이자 거실, 그리고 주방의 역할까지 겸한다.

▶ 식사 공간에는 마르티노 감페르(Martino Gamper)가 디자인한 맞춤 의자가 놓여 있고 그 옆에는 찰스의 아버지가 한때 가르치던 고등학교에서 가져온 1960년대 테이블이 자리한다.

그럼에도 불구하고, 바로 이러한 피할 수 없는 자연환경과의 접촉이 찰스를 소노마로 오게 한 이유다. 그는 1990년대 후반부터 이 지역의 땅을 사는 것을 고민했지만, 2012년이 되어서야 찰스와 랄프는 태평양에서 한 계곡 떨어진 세바스토폴Sebastopol 근처에 위치한 오프그리드off-grid* 조립식 주택, 즉 소노마에서의 첫 번째 오두막을 구입할 수 있었다. 그와 랄프는 여러 해 동안 함께 살 집을 몇 채 설계해왔지만, 소노마 집은 온전히 찰스만의 프로젝트였다.

찰스는 말한다.

"저는 다른 사람의 집을 아름답게 만들어주는 일을 해요. 하지만 이번만큼은 누구의 기준에도 얽매이지 않고 나만을 위한 디자인을 하고 싶었어요."

찰스는 그의 아버지가 직접 지은 집에서 자랐고 어린 시절 대부분을 숲에서 요새와 티피teepee**를 만들며 보냈다.

"그래서 저는 항상 제 집을 직접 짓고 싶었어요."

하지만 세바스토폴은 기본적인 인프라가 갖춰지지 않아 그 꿈을 실현하기엔 너무 어려운 환경이었다. 그러던 2016년 어느 날 오후, 찰스와 랄프는 나파Napa 방향으로 운전하던 중 목초지와 포도밭이 줄지어 늘어선 좁은 도로에서 길을 잃었다. 그 길은 찰스에게 어린 시절 그가 자란 좁은 시골길을 떠올리게 했다.

찰스는 회상한다.

"그냥 본능적으로 바로 이곳이라고 느꼈어요."

그로부터 2년 후, 그들은 세바스토폴의 집과 땅을 팔고 그 길가에 있는 약 4만 제곱미터 규모의 땅을 구입했다. 그곳에는 소박한 집 한 채와 19세기형 헛간, 그리고 여러 채의 낙후된 건물이 자리 잡고 있었다.

---

*   현대식 공공 설비를 이용하지 않고 자족적으로 생활하기 위한 건축 혹은 생활 양식을 말한다.

** 북아메리카 원주민이 사용하던 원뿔형 천막.

이전 세입자들은 대마초를 재배하던 농부들이었고, 이들이 남긴 플라스틱 호스, 콘크리트 벽돌, 일회용 화분이 부지 곳곳에 널려 있었다. 그들보다 앞선 주인은 공작새 농장을 운영했고, 녹슨 새장과 방치된 수생 정원의 흔적을 남겼는데, 찰스와 랄프는 이를 야생 블랙베리 덤불 속에서 찾아냈다. 찰스와 랄프는 또 약 88제곱미터 규모의 낡고 허술한 오두막도 발견했다. 땅을 재정비하여 생활할 수 있는 환경을 만들 때까지 이 오두막을 임시 거처로 개조해 머물기로 했다.

찰스는 처음 그 오두막의 모습이 끔찍했다고 회상한다. 건물의 내외부는 온통 검은색으로 칠해져 있었고, 합판 바닥은 중앙에 약 3.6미터 크기의 음양 문양이 그려진 붉은색이었다. 이전에 그곳을 사용했던 사람은 난방을 위해 더러운 빨랫감을 구석에 쑤셔 넣고, DJ 부스를 설치했으며, 금속으로 만들어진 욕조가 녹슬 때까지 베란다에 방치해두었다. 찰스와 랄프는 결국 시공업자와 버몬트에서 온 헛간 전문 건축가, 뉴햄프셔 출신의 선박 수리공을 고용했다.

이들은 함께 건물을 단열 처리하고, 재활용된 삼나무 목재로 창틀을 새로 만들었으며, 벽과 바닥을 고급 합판으로 마감했다. 합판의 느슨한 나뭇결은 마치 대리석 같은 소용돌이 패턴을 만들어냈다. 눅눅하고 더러웠던 오두막은 그들의 손길을 거쳐 우아하고 빛이 가득한 공간으로 다시 태어났다. 찰스는 모로코에서 가져온 베르베르 카펫, 자신의 작업실에서 제작한 프로토타입, 한스 베그너Hans Wegner와 맥스 램Max Lamb 같은 디자이너들의 의자와 안락의자, 그리고 특히 애정하는 조 콜롬보Joe Colombo의 클립 램프 등으로 집안을 채웠다.

찰스는 이를 두고 농담한다.

"우리가 사랑하는 디자이너들의 망가진 작품들이 어쩌다 보니 우리 집으로 흘러들어와 빈티지 마켓을 만들었어요."

찰스는 고객을 위해 작업할 때는 실용성을 중시하지만, 소노마의 오두막에서는 보다 즉흥적이고 감각적인 접근 방식을 탐구할 수 있었다. 즉, 디자인을 이야기처럼 풀어내는 것이다.

찰스는 말한다.

"저는 무용한 것들을 소유하는 것이 좋아요. 공간 자체를 위한 공간이 있는 게 좋고, 물건이 주는 촉감을 즐기죠."

오두막의 문을 제작할 때 찰스는 거친 나무 프레임과 삐걱거리는 스프링이 달린 스크린 도어를 고집했다. 문이 닫힐 때 덫처럼 찰칵 소리를 내도록 디자인한 것이다. 그와 랄프는 2년 전 수영장을 설치하면서, 테라스를 특별한 방식으로 만들었다. 골재 노출 시멘트에 돌을 박아 넣어, 어린 시절 매사추세츠에서 즐기던 특별한 수영장 특유의 냄새와 이탈리아 리비에라*의 거친 해변 콘크리트 질감을 재현했다.

"이것이 가장 불편하면서도 촉감적인 소재라고 생각했어요."

찰스는 현재 처음부터 새 집을 짓겠다는 꿈을 잠시 내려놓았다. 대신 땅을 복원하는 작업에 집중하고 있다.

"이곳은 무언가를 해도 되고, 아무것도 안 하고 있어도 되는 곳이에요."

언젠가 창고로 사용하고 있는 본채를 고치기 시작하면, 썩은 부분은 모두 제거하고 복원할 수 있는 것은 그대로 살릴 계획이다.

찰스는 단호하면서도 익살스럽게 말한다.

"이런 태도는 내 안에 흐르는 '양키 정신' 덕분이죠. 무언가가 고장 나면 그냥 고치면 되는 거예요."

---

* 이탈리아 서북부의 지중해 연안 지역.

◀ 욕조 옆 커다란 통창으로는 주변 숲이 한눈에 들어온다.

▲ 욕실에는 로베르 말레스테방스(Robert Mallet-Stevens)의 빈티지 스태킹 의자가 놓여 있고 문은 재활용된 삼나무로 만들어졌다.

시멘트 데크에 조성된 수영장은 찰스가 어린 시절 동부 해안의 습한 여름에 맡았던 젖은 콘크리트 냄새를 기억하기 위해 만들었다.

소노마 들판 위로 안개가 천천히 내려앉는다.

깊은 숲속의 농장

마리나 아카야바 그리고 후안 로젠베르그

브라질 카투사바

◀ 농장은 주로 주말에만 주택으로 사용되지만, 소박한 농장의 역할도 여전히 유지하고 있다. 텃밭에 옥수수를 심고, 닭, 돼지, 개, 말을 기르고 있다.

▶ 흰색 유약 타일로 마감된 일체형 주방 아일랜드에는 싱크대, 가스레인지, 장작 오븐 겸 조리대가 포함되어 있다. 소박한 재료들로 이루어진 집 안에서 마치 조각 작품처럼 돋보인다.

    브라질의 최대 도시인 리우데자네이루와 상파울루를 수 세기 동안 연결해온 육로는 계곡을 따라 이어진다. 열대우림으로 뒤덮인 높은 산맥은 계곡을 바다로부터 격리하고, 그 도로에서 갈라지는 좁은 흙길들은 오직 말을 타고만 통과할 수 있을 만큼 좁고 험난했다. 그 길은 작은 마을과 자급농장을 지나 카투사바Catuçaba 마을 외곽에 있는 순례지 아파레시다 성모 대성당까지 이어졌다.

    1890년 바로 이곳 근처에서 마리아 마르칭스Maria Martins의 아버지는 약 85제곱미터 규모의 소박한 농가를 지었다. 그 집에서 마리아는 순례자들에게 식사를 제공하며 스무 명의 아이를 키웠다. 일부는 그의 친자식이었고, 대부분은 입양된 아이들이었다. 그리고 2018년, 상파울루 출신 건축가 마리나 아카야바Marina Acayaba와 후안 파블로 로센베르그Juan Pablo Rosenberg가 이 집을 구입하면서 두 사람의 별장이 되었다.

    그 무렵 카투사바와 주변 계곡은 완전히 외딴 지역이 되었고, 방목되는 소 떼와 작은 농가만이 즐비했다. 20세기 후반, 상파울루의 인구가 폭발적으로 증가하면서 당국은 브라질의 경제 중심지인 상파울루와 1960년까지 브라질의 수도였던 화려한 해안 도시 리우데자네이루를 연결하는 주요 고속도로를 건설했다.

    어린 시절 아르헨티나의 군사 독재 정권을 피해 브라질로 이주한 후안은 말한다.

    "이곳은 시간이 멈춘 곳이었어요."

    마리나와 후안은 이 집을 2015년에 발견했지만, 카투사바를 처음 방문한 것은 그로부터 2년 전이었다. 상파울루 건축가 집안에서 성장한 마리나의 아버지 마르코스Marcos는 상파울루 건축계의 거장이며, 어머니 마를레네Marlene는 상파울루 주택에 대한 최초의 학술 보고서를 저술했다.

마을 인근에서 발생한 대홍수로 파괴된 문화유산 복원 작업에 참여했던 지역 복원가가 세월의 흐름으로 뒤틀린 창틀에 꼭 맞도록 맞춤형 창을 제작했다. 사진 속 거실 창도 그중 하나다.

상파울루를 기반으로 활동하는 디자이너 카를로스 모타(Carlos Motta)의 흔들의자는 복원된 토벽의 거친 회반죽 표면과 역동적인 대비를 이룬다.

◀ 별채에 마련된 두 개의 손님방은 본채의 물성적 소박함을 현대적인 언어로 재해석한 공간이다. 매끄러운 흰색 회반죽 벽과 지역에서 제작된 도기 바닥 타일이 그 특징을 잘 드러낸다.

마리나는 말한다.

"어릴 때부터 저는 항상 농장과 산을 좋아했어요. 해변은 별로 좋아하지 않았죠. 저는 항상 이런 곳을 찾고 있었어요."

2013년 당시 외부인에게 거의 알려지지 않았던 카투사바를 방문했을 때, 마리나와 후안은 일 년 중 대부분이 덥고 건조한 이 지역을 보고 한눈에 반했다. 2015년 그 지역의 친구들이 두 사람에게 마르칭스 가문의 오래된 집에 대한 정보를 주었다. 그 집은 약 10년간 지역 보안관에게 고용된 가족이 살았고, 그들이 떠난 뒤로 몇 년간 버려져 있었다. 이후 최종적으로 집을 매입하는 데 거의 3년의 시간이 걸렸다.

2018년 마리나와 후안이 이 집을 인수하자마자, 복원 작업을 시작했다.

"처음 이곳에 왔을 때, 우리는 절대로 아무것도 바꾸지 말아야 한다는 강한 느낌을 받았어요. 이 장소의 영혼을 파괴할 것 같은 느낌이었죠."

마리나가 이어서 말한다.

"이 집에 살던 마리아 마르칭스라는 여성의 존재감이 너무 강해서, 그에게 이곳에 거주해도 되는지 허락을 받아야 할 것 같았어요."

약 1.2제곱킬로미터에 달하는 부지에 위치한 이 집은 세상으로부터 완전히 고립되어 있다. 마리나와 후안은 밤이 되면 불빛 하나 보이지 않는다고 말한다. 이웃들은 모두 마리아 마르칭스의 후손으로 그의 강력한 존재감과 영향력을 끊임없이 상기시켜준다.

언덕으로 올라가면 마리아 마르칭스와 그의 가족이 세운 작은 예배당 자리에 십자가 표시가 있다. 이 예배당은 마리아의 주방 천장에 기적처럼 나타난 십자가를 기념하기 위해서 만들어진 곳이다. 주방 천장에 만들어진 십자가 모양의 하얀 흔적은 나무 화덕에서 나온 그을음에도 손상되지 않았다(이 마을에 전기는 2005년경부터 들어오기 시작했다). 브라질 민속 설화에 나오는 장난꾸러기 요괴 사시Saci가 이 계곡을 돌아다니며 사람들을 골탕 먹이고 심심풀이로 가축을 죽인다는 이야기도 전해진다.

"이곳 사람들은 이런 이야기들을 매우 굳게 믿어요."

마리나와 후안은 2010년 대홍수로 심각한 피해를 입은 인근의 문화유산 도시 상루이스두파라이팅가São Luíz do Paraitinga를 복원했던 장인들을 고용해

▲ 카투사바 마을과 그 주변은 브라질 내륙 사바나 지대와 길게 이어진 대서양 연안을 가르는 깊은 산악 지대에 자리 잡고 있다. 오랜 세월 동안 이뤄진 목축업으로 인해 토착 숲의 대부분이 사라졌지만, 마리나와 후안은 이 흐름을 되돌리기를 바라고 있다.

▶ 약 1.2제곱킬로미터에 달하는 부지에 위치한 이 집은 세상으로부터 완전히 고립되어 있다. 밤이 되면 불빛 하나 보이지 않는다.

서 자신들의 집을 고치기 시작했다. 이들은 전통적인 건축 기술인 '파우 아 피케'pau a pique를 활용해서 나무 격자 위에 진흙을 덧바르고 석회로 하얗게 마감하여 고르지 않았던 벽을 보수했다.

공사 현장에서 발견된 오래된 사진에서 그들은 집이 세워진 기단을 둘러싸는 약 1.8미터 높이의 석벽이 존재했음을 알게 되었다. 그들은 이 석벽의 상단을 발굴하고 지형을 재정비한 후 완만한 테라스를 조성했다. 위쪽은 생활 공간으로 만들었고 그 아래쪽에는 넓은 벽돌 마당과 중앙 화덕을 배치했다. 이 집은 부패하기 쉬운 재료로 지어졌기 때문에 세월이 흐르면서 기울어지고 창틀과 문틀이 비뚤어졌다. 마리나와 후안은 이러한 불완전함을 소중하게 여겨 새 창문짝을 기존의 비뚤어진 창틀에 맞춰 제작했다.

마리나는 말한다.

"이 집의 본래 구조를 복원하기 위해서 모든 노력을 기울였지만 사실 우리가 처음 이곳에 왔을 때, 이 집은 별로 아늑하지 않았어요. 아니, '아늑하지 않다'기보다는 이곳은 단순한 '집'일 뿐, 삶을 위한 진정한 '공간'이 아니었어요. 그저 계곡 한가운데 놓인 건물 같았어요. 그래서 우리는 이 집을 위한 환경을 조성하기로 결심했어요."

이를 위해 부부는 원래 집과 평행한 위치에 단순한 직사각형 모양의 두 번째 건축물을 설계했고, 두 건물을 개방형 테라스로 연결했다. 테라스의 바닥에는 이 지역의 전통 방식으로 제작된 수제 토기 타일을 깔았다.

테라스 한가운데를 가로지르는 좁은 수로는 무굴 정원과 루이스 칸Louis Kahn의 살크 연구소Salk Institute에서 영감을 받았는데, 이를 주거 공간 규모로 축소하여 적용했다. 새로 지은 건물에는 두 개의 손님방이 있는데, 후안의 말에 따르면 "매우 기하학적이고 미니멀한 디자인"이다. 또한 이 건물을 지을 때 기존 건축물의 재료를 반복적으로 사용하여 조화를 이루려고 노력했다. 예를 들어, 석회로 칠한 벽과 인근에서 철거된 주택에서 가져온 돌을 사용한 박공 등이 포함된다. 이렇게 두 건물 사이에 형성된 개방형 테라스는 일종의 야외 거실이 되었다. 이 공간은 두 건축물을 서로 연결할 뿐만 아니라, 두 건물과 주변의 광활한 풍경을 자연스럽게 이어준다.

마리나와 후안이 '숲속의 농장'Fazenda Mato Dentro이라고 불리는 이 농장 주변 환경을 섬세하게 재구성하는 동안, 시골의 삶이 이 부부의 도시 생활 습관을 변화시키고 있었다. 그들은 두 개의 텃밭에서 채소, 양파, 무, 허브를 재배하고 젖소, 닭, 돼지를 키우기 시작했다. 이를 통해 마리나와 후안, 그리고 세 자녀는 브라질의 대규모 농업 산업에서 점차 독립적인 삶을 구축해나가고 있다. 이들은 마리아 마르칭스의 손자에게 치즈를 구입하고, 집을 잠시 비우는 동안 지붕 수리를 도와주거나 말을 돌봐주는 이웃들에게 갓 도축한 돼지고기를 나눠주기도 한다. 도시와 시골 사이의 정신적 거리도 점차 줄어들고 있다.

마리나는 말한다.

"작년에 우리만의 아름다운 이야기를 발견했어요. 증조할아버지의 일기를 살펴보다가 그분이 브라질에서 처음 운영했던 농장의 이름이 우리 농장과 똑같이 '숲속의 농장'이라는 사실을 알게 됐어요. 증조할머니께서 돌아가신 후, 그 농장 이름을 할머니를 기리는 새로운 이름으로 바꾸는 바람에 우리 가족 중 아무도 원래 이름을 알 수 없었던 거죠. 이 사실을 알고 정말 놀랐어요."

마리나는 여전히 믿기지 않는다는 듯 고개를 저었고, 후안은 어깨를 으쓱하며 미소를 지었다. 논리적 사고를 지닌 그조차도 이 마법 같은 우연을 기꺼이 받아들이는 듯했다.

"우리는 지금 우리만의 전설을 만들어가고 있어요."

오랫동안 방목지로 쓰이며 방치되었던
땅에 다시 자라나기 시작한 어린 숲 사이로
난 길을 따라 말들이 걸어간다.

60년을 함께한 벽난로

가브리엘 그리고 그웬 페이건

남아프리카공화국, 케이프타운

◀ 넓게 펼쳐진 벽난로집의 지붕은 남대서양의 파도를 떠올리게 하고, 높이 솟은 굴뚝은 남아프리카공화국 케이프타운 외곽 농촌에 세워졌던 케이프 더치 농가의 전형적인 형태를 연상시킨다.

▶ 이 집의 이름이기도 한 '디 에스'(Die Es, 아프리칸스어로 벽난로)는 온 가족이 둘러앉을 만큼 넓은 공간이었다.

1964년, 건축가 가브리엘 페이건Gabirel Fagan과 그의 아내 그웬Gwen은 캠프스베이Camps Bay 해안가 외곽의 언덕 위에 있는 부지를 매입했다. 이곳은 거친 덤불이 자라는 경사지로, 차가운 대서양과 '열두 사도'라고 불리는 높이 솟은 절벽 사이에 자리 잡고 있었다. 당시 캠프스베이는 주로 도심 거주자들이 주말을 보내는 휴양지였다. 도심은 북서쪽으로는 사자머리Lion's Head의 원뿔형 봉우리와 테이블산Table Mountain의 평평한 절벽을 가르는 산등성이 너머에 위치해 있었다.

캠프스베이는 아름다운 바다와 일몰 풍경이 뛰어났지만, 산등성이를 따라 바다로 거칠게 몰아치는 강풍 때문에 거주하기는 쉽지 않았다. 하지만 프리토리아Pretoria 외곽의 시골 농장에서 네 명의 어린 자녀와 함께 살았던 페이건 부부는 이런 도전을 두려워하지 않았다.

그웬은 곧 100세를 바라보고 있으며, 가위Gawie로 더 잘 알려진 가브리엘은 2020년 94세의 나이로 세상을 떠났다. 두 사람 모두 전통적인 틀에서 벗어난 가정에서 자랐다. 가브리엘의 아버지는 남아프리카공화국의 대법원장이었는데, 1946년 잔혹한 아파르트헤이트apartheid 법안을 시행하는 것에 반대했던 페이건 위원회Fagan Commission는 그의 아버지 페이건에게서 이름을 따왔다. 그의 친척 중에는 유명한 음악가와 배우도 많다.

한편, 그웬은 2세부터 8세까지 농장에서 삼촌의 손에 자랐고, 이후에는 케이프타운 외곽의 대학 도시 스텔렌보스Stellenbosch에서 성악 강사였던 홀어머니와 함께 살았다. 그웬은 자신을 "남아프리카공화국 최초의 보헤미안 여성"이라고 불렀다. 그웬은 어머니와 함께 살던 2층 아파트 뒤편에 작은 채소밭을 가꾸었고, 양동이로 물을 퍼 나르며 막대기로 단단하고 건조한 땅을 개간했다. 어머니가 암 진단을 받자, 그웬은 1940년대 여성으로서는 드문 선택이었던 의학을 공부하기로 결심했다. 대학에서 가브리엘을 만났지만, 어린

◀ 주방 맞춤 가구의 정교한 짜임새는 가브리엘이 가장
좋아하는 색조인 코발트블루 색상으로 맞춤 제작된
주방 타일과 어우러져 한층 더 고급스러움을 자아낸다.

시절 부재하던 아버지로 인해 남성을 불신했던 그웬은 가브리엘과 첫 키스를 하기까지 몇 년이나 걸렸다.

캠프스베이에 정착한 젊은 페이건 부부는 언덕 아래에 있는 아파트를 임대하고, 중고 콘크리트 제조기를 사기 위해 피아트Fiat 자동차를 팔았다. 그 후 2년 반 동안 그들은 거의 매일 경사진 언덕을 오르내리며 직접 집을 지었다. 아이들도 각자의 "덩치와 능력에 따라" 역할을 맡았다.

"막내는 물 호스를 잡았고, 그다음 아이는 모래를 옮기고, 큰 아이들은 손수레로 자재를 나르는 일을 했죠."

온 가족이 함께 벽돌을 쌓고, 철근을 세우고, 콘크리트를 부었다. 집의 전체 설계는 가브리엘이 케이프타운과 프리토리아를 오가는 비행기 안에서 영감을 얻어 스케치한 도면을 바탕으로 했다. 아이들의 성화에 못 이겨 집의 2층이 완성되기도 전에, 거실 창문을 설치하지 않은 상태에서 이사했다. 밤에는 담요가 바람에 날아가지 않도록 임시 침대에 묶어두어야 했다.

이 집의 기본적인 윤곽은 부부가 동경했던 남아프리카공화국의 시골 전통 건축 스타일인 단순함과 경제성을 담아냈다. 카루Karoo*의 낮고 단단한 흙집과 케이프타운 주변 내륙에 흩어져 있는 케이프 더치** 농가처럼 석회로 마감된 벽과 감시탑처럼 솟은 조각 같은 굴뚝이 특징이다. 집의 2층에는 일직선으로 된 복도가 네 개의 작은 침실과 두 개의 욕실을 연결한다. 1층에는 개방형 거실, 식당, 주방이 배치되었는데, 이 모든 공간은 거대한 벽난로를 중심으로 설계되었다. 이 벽난로가 바로 이 집의 이름 디 에스 하우스Die Es House의 유래다. 아프리칸스어로 디 에스Die Es는 '벽난로'를 뜻한다.

"가브리엘의 작업은 무엇보다도 자연환경에 기반을 두고 있어요."

* 남아프리카공화국 면적의 3분의 1을 차지하는 반사막 지역이다. 극심한 연교차와 건조한 대기 때문에 지역 대부분이 황무지로 남아 있다.

** 네덜란드계 남아프리카인을 말한다.

▶ 거실의 책장은 가족과 친구들이 집필한 책들로 채워져 있다.

◀ 2층 복도에 놓인 재봉틀 테이블은 가브리엘이 그웬을 위해 특별히 디자인했다.

◀ 집 안의 소박한 침실 네 개 중 하나로, 동쪽으로 난 창문 너머에는 험준한 열두 사도(Twelves Apostles) 바위 봉우리들이 솟아 있다.

이 집 또한 예외는 아니었다. 투명성 면에서 전형적인 현대적 요소를 지니는 동시에 웨스턴케이프Western Cape의 정신과 자연이 깊이 스며든 공간이었다. 어느 날 그웬과 가브리엘은 새롭게 조성하는 도로 건설 현장에서 그리 멀지 않은 산을 산책하던 중 커다란 황색 사암을 발견했다. 그들은 이 바위를 조각내 타일로 만들었고, 주차장과 그보다 조금 아래에 있는 본채 현관을 연결하는 계단에 사용했다.

현관의 완만한 경사면에 놓은 돌들은 집의 기초 공사를 하면서 땅에서 파낸 것으로, 그웬이 직접 하나하나 배치한 것이다. 그웬은 또한 그 땅에 자리를 잡고 있던 외래종 식물들을 제거하고, 큰아들 헨리의 도움을 받아 토착 관목 정원을 꾸몄다. 그후 거의 60년이 지난 지금, 이 정원은 연두색과 녹청색, 에메랄드빛의 초목으로 집을 감싸고 있다.

이 집의 가장 시적이고 대담한 디자인 요소인 유려한 지붕 역시 멀리 아래 해안으로 밀려오는 파도에서 영감을 받았다. 동시에 집 뒤편으로 우뚝 솟은 산맥의 실루엣을 어렴풋하게나마 반영하는 듯 보인다.

이 집은 바다나 산 같은 자연을 넘어 그 안에서 펼쳐진 빛나고 개성 넘치는 가족의 삶을 더욱 깊이 반영하고 있다. 가브리엘은 케이프타운에서 리우데자네이루까지 이어지는 연례 요트 경주에 다섯 번이나 참가한 열렬한 항해가였다. 그렇기에 그는 바다에 대한 애정을 집 안 곳곳에 담았다. 그는 욕실 문을 둥글게 처리하고, 오래된 일본산 어망 부표로 펜던트 조명을 설치했다. 조명의 옅은 푸른빛은 집 뒤쪽 창문을 보호하는 차양과 조화를 이룬다.

거실과 야외 정원을 연결하는 높은 단상은 그웬이 아끼는 다양한 다육식물과 제라늄 컬렉션으로 가득 차 있다. 한때 이 공간은 이 가족이 친구들을 위해 공연을 펼치던 무대이기도 했다. 벽난로 뒤편에 남아 있는 커다란 검은 그을음 자국은 거의 60년 동안 이어진 가족 모임의 흔적을 보여준다. 거실 한쪽 끝에 자리한 책장에는 가족과 친구들이 집필한 책들이 빼곡히 꽂혀 있으며, 그 책등은 수십 년간 붉게 타오르는 저녁 노을빛에 서서히 바래 있다.

가브리엘은 세상을 떠나기 전 그웬과 72년을 함께했고, 그중 55년을 벽난로집에서 보냈다. 1969년 그웬은 의사로서의 경력을 접고 가브리엘의 건축 사무소에 합류해 조경 디자이너로 일하며, 가브리엘이 생전에 진행한 200건이 넘는 복원 프로젝트의 주요 기록을 보존하고 연구했다. 그웬은 1995년 조경학 박사 학위를 받기 훨씬 전부터 남아프리카공화국 장미 분야의 최고 전문가 중 한 사람으로 자리매김했다.

그웬이 말한다.

"내가 아는 게 맞는지 확인하고 싶어서 박사 학위를 취득했어요."

1980년대 후반 그웬은 자신이 수년간 연구한 꽃들을 집대성한 대형 도감을 집필했다. 도감은 18세기 식물학 도감처럼 섬세하고 정교한 꽃 이미지를 포함했는데 이 사진은 가브리엘이 촬영했다. 그웬은 꽃 이미지를 실제 크기로 인쇄할 것을 고집했기 때문에 책의 크기와 비용 문제로 출판사들은 출간을 거부했다. 이에 페이건 부부는 직접 출판사를 설립하고 책을 출간했다.

그웬과 가브리엘의 침대 옆 선반에는 작은 꽃병에 꽂힌 장미 한 송이가 놓여 있다. 오래전, 그웬은 남아프리카공화국 내 최고의 장미 전문가에게서 전화를 받았다. 그웬의 이름을 딴 꽃이 만들어진다면 어떤 꽃이기를 원하는지 묻는 전화였다.

"저는 '글쎄요, 크고 분홍빛이고 풍성해야 해요. 하지만 가장 중요한 건 아름다운 향이 나야 한다는 거예요'라고 대답했어요."

얼마 후, 한 학회에서 강연을 마친 그웬에게 처음 보는 여성이 화분을 들고 다가왔다. 그 안에는 장미가 심겨 있었고, 그 꽃잎은 석양의 첫 빛을 머금은 구름처럼 옅은 분홍빛이었다.

지금 그웬의 책꽂이에 놓인 장미, 그의 이름을 딴 바로 그 장미다. 그웬은 그 기억을 떠올리고 어깨를 으쓱하며 미소를 지었다. 그웬과 가족이 함께 지어온 집 안에 담긴 수많은 추억 중 하나를 떠올리며.

"저는 그저 운이 좋았던 거죠."

◀ 소박한 대문 하나가 집의 현관과 토착 관목 정원을 이어준다. 이 정원은 집을 짓는 동안 그웬이 장남 헨리와 함께 심은 것이다.

▶ 가브리엘과 그웬의 침실 침대 커버는 멕시코에서 가져온 기념품이며, 꽃병의 장미는 그웬의 이름을 딴 품종이다.

얼음과 불 사이, 노팔선인장의 집

호세 다빌라

멕시코, 산 가브리엘

◀ 이 집은 세 개의 분리된 건물로 이루어져 있으며,
사진에 보이는 중앙 건물은 네바도 데 콜리마와
볼칸 데 콜리마의 정확한 중심점을 향하도록
배치되었다.

▶ 호세의 주택은 남쪽을 향해 있는데,
그곳에는 활화산과 휴화산 한 쌍이 솟아 있다.

 2013년 가을 어느 이른 아침, 예술가 호세 다빌라Jose Dávila는 험준한 산맥에 위치한 산 가브리엘San Gabriel 마을 외곽의 울퉁불퉁한 언덕길을 따라 산책에 나섰다. 멕시코에서 가장 영향력이 있는 현대 조각가 중 한 명인 호세는 5년 전부터 이 지역에서 땅을 찾기 시작했다. 그는 할리스코Jalisco주의 수도이자 최근까지 멕시코에서 두 번째로 큰 도시였던 과달라하라Guadalajara에서 주말마다 차를 몰고 이곳으로 와 친구들과 함께 주변 시골을 탐방했다.

 어느 일요일 아침 예정보다 일찍 약속 장소에 도착한 호세는 친구를 기다리며 혼자 걷기로 했다. 친구의 집에서 멀지 않은 곳에서 그는 지금껏 할리스코 지역에서 본 적 없는 선명한 풍경을 마주했다. 그것은 지평선 위로 완벽하게 모습을 드러낸 두 개의 화산이었다. 얼음으로 덮인 휴화산 네바도 데 콜리마Nevado de Colima와 활화산 볼칸 데 콜리마Volcán de Colima의 모습이었다. 그 순간, 호세는 그 자리에 멈춰 섰다. 그리고 '불의 화산'으로 불리는 볼칸 데 콜리마에서 재가 뿜어져 오르는 광경을 지켜보았다.

 "그 순간 마치 번개처럼 선명한 깨달음을 얻었죠. 거의 계시와도 같았어요. 그 순간 확신했어요. '바로 이곳이다.'"

 과달라하라에서 태어나고 자란 호세는 할리스코의 언덕이 지닌 특유의 거칠고 황량한 풍경에 깊은 유대감을 느꼈다. 근처의 타팔파Tapalpa 마을은 도시에서 온 가족들이 즐겨 찾는 인기 휴양지로, 울창한 소나무 숲과 전원적인 매력이 있는 곳으로 잘 알려져 있다. 하지만 호세가 반한 이 땅은 메마르고 바위가 많아서 식물이 거의 살지 못한다. 그는 청소년 시절 이곳에서 친구들과 함께 캠핑을 하곤 했고 이곳의 이미지를 멕시코의 전통적인 시골 풍경으로 인식하며 자랐다.

▶ 호세는 마르파에서 보았던 도널드 저드(Donald Judd)의 테이블 세트를 떠올리며 야외 테이블과 의자를 직접 디자인했다.

◀ 거실 창문은 풍경을 하나의 액자처럼 담아내고,
  벽난로 옆의 석재 덩이는 흙의 기운을 집 안으로
  끌어들이며 과거와 현재를 연결한다.

　　　　이런 이미지는 비센테 페르난데스Vicente Fernandez*의 음악과 영화 그리고 후안 룰포Juan Rulfo의 책을 통해 전 세계에 전파되었다. 멕시코의 저명한 소설가 후안 룰포의 작품들은 대부분 화산과 가시덤불, 강렬한 그림자와 원을 그리며 하늘을 맴도는 독수리들로 이루어진 이 지역의 풍경을 배경으로 한다.
　　호세는 말한다.
　　"이곳은 할리스코 야생 그대로의 풍경이었어요. 용설란과 이 집의 이름이기도 한 노팔선인장이 자라는 땅이었죠. 이곳은 후안 룰포의 나라였어요. 얼음과 불 사이, 그 중간쯤 되는 곳이죠."
　　1990년대 중반 과달라하라의 서부기술고등연구소에서 건축을 전공한 호세는 잠시 동안 집을 직접 설계하는 것을 고민했다. 건축 실무를 해본 적은 없지만, 그는 지난 20년간 조각가로 활동하면서 학교에서 배운 건축적 사고를 작품에 활용해왔다. 그는 중력 자체를 원재료로 삼아 대리석과 석재, 철제 빔, 목재 판자 등을 활용하며, 거대한 작품들을 섬세하고 때로는 위태로워 보일 정도로 절묘한 균형 속에 세웠다. 사용한 도구라고는 대부분 래칫 스트랩ratchaet strap**과 오브제 자체의 무게뿐이었다.
　　그럼에도 호세는 겸손하게 말한다.
　　"건축을 공부한 것과 실제 건축가가 되는 것은 완전히 다른 일이죠."
　　호세는 '건축이라는 학문을 존중'하는 차원에서 협업을 선택했고, 후안 팔로마르Juan Palomar와 함께 일하기로 결정했다. 후안은 건축 실무자이자 교육자로서 호세의 세대와 전설적인 할리스코 출신 건축가 루이스 바라간Luis Barragán의 세대 사이를 연결하는 가교 역할을 해왔다. 루이스의 건축처럼 후안의 작업도 절제되고 간결하며 시골 지역 특유의 건축 기법과 재료를 적극적으로 활용한다. 이는 호세가 찾고 있던 란체로ranchero*** 감각, 즉 정직함과 투명성의 미학과 맞닿아 있다.

*　　강렬한 태양 아래에서 낭만적인 가사를 노래하는
　　　전형적인 마초 스타일의 멕시코 가수.

**　화물이나 장비를 고정하는 데 사용하는 끈.

*** 스페인어로 농장에서 일하는 사람을 뜻한다. 주로 말을 타고
　　　일하는 중남미 시골 사람을 부르는 명칭이기도 하다.

호세는 설명한다.

"제 모든 작업에서 균형과 중력의 사용은 매우 현실적인 것이어서, 재료를 사용하는 데 정직함과 투명성은 매우 중요합니다. 이런 점이 란체로 건축에서 매우 독창적인 부분이라고 생각해요. 속임수가 없고, 재료를 있는 그대로 사용하죠."

호세와 후안은 집을 설계하고 건축하는 모든 과정에서 아날로그 방식을 고수했다. 단 하나의 예외는 집의 주요 창문이 두 화산의 정확한 중간점을 향하도록 GPS를 사용해 위치를 정하는 것이었다. 처음부터 호세는 모든 도면을 손으로 그릴 것을 고집했다.

"저는 학생 때도 오토캐드AutoCAD를 사용하지 않았어요."

오토캐드는 2차원 및 3차원의 정밀한 도면을 작성할 때 사용하는 컴퓨터 프로그램이다.

"단면도를 그리며 하늘을 파란색으로 채우는 것만으로도 30분 이상의 사색이 필요했죠."

후안은 호세의 의견을 존중했지만, 컴퓨터로 생성된 도면 없이 집을 완성하려면 현장에서 발생하는 각종 문제를 해결하기 위해 매주 방문해야 할 것이라고 경고했다. 이후, 호세의 친구이자 과달라하라에 기반을 둔 CoA 건축 스튜디오의 창립자 파코 구티에레스Paco Gutiérrez는 주방과 욕실의 내부 설계는 물론 찰람tzalam이라는 멕시코산 견목으로 만든 헤링본 바닥의 정교한 디테일을 관리하기 위해 공식 도면을 작성했다. 하지만 호세는 공사가 끝날 때까지 그 도면을 절대 보지 않겠다고 선언했다.

집의 기초를 놓기 위해 호세와 후안은 집터의 옅은 보라색 판석을 파냈다. 그 과정에서 나오는 돌 조각들은 나중에 호세가 재활용해 과달라하라의 한 공원에 공공 예술 작품으로 설치했다. 각각 주요 생활 공간과 게스트룸이 있는 다른 두 건물과 달리, 집의 본채는 부지에서 낮은 위치에 세워졌다. 약 46센티미터 두께의 벽돌로 만들어진 벽은 거친 회색 석회 플라스터, 이 지역의 흙, 강모래 등으로 마감했다. 테라코타 타일로 덮인 박공지붕은 노출된 목재 기둥 위에 얹혀 있는데, 이는 이 지역의 전통 건축 양식에 대한 경의를 표현한 디자인이다. 테라스는 인근 후아나카틀란Juanacatlán 마을에서 가져온 판석으로 포장했으며, 하나하나 세심하게 배치한 조약돌은 평평한 면이 위를 향하도록 정성스럽게 놓았다. 테라스가 건물을 둘러싸는 이 디자인은 호세가 과달라하라에서 산으로 가는 길에 들렀던 소박한 타코 가게에서 착안한 것인데, 영국 조각가 리처드 롱Richard Long의 퍼즐 같은 대지예술land art에서도 영향을 받았다. 그 가게는 현재 편의점으로 바뀌었다.

호세는 집의 내부에서 흔히 사용되는 전원풍 장식을 의도적으로 배제했다. 무거운 목재와 화려하게 채색된 타일 같은 요소들은 진부한 복고풍으로 쉽게 변질하기 때문이다. 대신 그는 "도시 주택의 구조를 완전히 지우고, 집에서 차로 두 시간 달리면 완전히 다른 세계에 도착한 것 같은 느낌이 드는 공간"을 만들고자 했다.

호세는 오랜 시간 요리를 즐기기 위해 주방에 울프Wolf사의 최고급 스토브를 설치하고, 지하실에는 거친 석재 벽과 자갈 바닥으로 이루어진 와인 저장고를 만드는 등 몇 가지 개인적인 사치를 허용하는 한편, 집을 자연에 완전히 개방하는 방식을 선택했다. 예를 들어, 거실에서 침실로 가기 위해서는 비가 오거나 추운 날씨에도 반드시 야외 테라스를 가로질러야 한다.

"밤하늘의 별을 보기 위한 선택이었죠. 이곳에서 편안함과 실용성이 디자인을 결정 짓는 요소가 될 수 없다고 처음부터 정해두었어요."

호세는 언젠가 이 부지에 작업실을 지을 계획이지만, 현재 이 집은 사색의 공간이자 친구와 가족이 모이는 공간으로 사용되고 있다. 할리스코에서 "친구들과 시간을 보내다"를 의미하는 가장 흔한 표현은 코토레아르cotorrear, 즉 "수다를 떨다"라는 동사다. 그가 처음 받은 건축 교육과 마찬가지로, 이 집은 호세의 작업에 분명 영감을 주었지만, 그의 작업 또한 이 집을 더욱 풍요롭게 만들었다. 예를 들어 거실 벽난로 옆에 놓인 돌덩이는 공사 기간 동안 호세가 시공업자들과 회의할 때 앉던 의자였는데, 이제는 난롯불을 지필 때 걸터앉는 자리로 사용한다. 진정한 '란체로 하우스'에서는 모든 것이 실용적인 것처럼, 이것은 하나의 조각 작품이면서도 실용적인 오브제다.

호세의 미학적 감각은 세 채의 건물 사이 균형에서 명확하게 드러난다. 각 건물은 자체적인 중력을 가지고 있어 개방된 공간 주변에 긴장감을 형성한다. 그 감각은 또한 퍼즐처럼 배치된 테라스에서도 보이는데, 무엇보다 테라스 끝에 자리 잡은 조각에서 가장 직접적으로 나타난다. 이 조각은 호세가 처음 이 집을 짓기로 결심한 바로 그 자리에 배치되었다.

그 조각은 집과 마찬가지로 단순하다. 녹슨 빛깔의 모루를 닮은 돌덩이가 벤치 역할을 겸하는 콘크리트 각기둥 모서리에 균형을 이루며 놓여 있다. 그 뒤로는 남쪽으로 산맥이 펼쳐지고, 지평선 위로 화산들이 솟아 있다. 집과 언덕들과 그 모든 것과 조화를 이루며 역동적인 균형을 이룬 채, 정적과 움직임, 얼음과 불, 영속성과 덧없음 사이에서 멈춰 서 있는 듯하다. 마치 어떤 깨달음을 기리는 기념비처럼.

◀ 본채에 있는 복층으로 된 가족 공간에는 잠망경처럼 수직으로 떨어지는 굴뚝과 가르자 마르파(Garza Marfa)의 의자가 나란히 놓여 있다.

▶ 본채 계단의 리듬감 있는 실루엣은 건축가 루이스 바라간의 작품을 연상시킨다. 프리츠커상 수상자인 루이스가 성장한 할리스코 전역의 현대 주택들과 호세의 집 곳곳에서 그의 영향력이 선명하게 드러난다.

도예가의 베이스캠프, 바다 캠프 A

이헌정

대한민국, 양평

◀ 서울 동쪽 산속에 자리한 도예가 이헌정의 집.
사진 속 스튜디오 입구를 장식하는 육중한 붉은
철제 빔은 유교 사당의 홍살문을 연상시킨다.

▶ 노출된 나무 기둥과 나무 바닥 덕분에 차갑고
단단한 콘크리트로 마감된 식당과 주방에
따뜻한 온기가 느껴진다.

한국의 도예가 이헌정은 말한다.

"저는 그렇게 계획적인 성격이 아니에요. 어떤 것에 대해 강한 느낌을 받으면, 아주 빨리 결정을 내리는 편이죠."

이헌정은 이러한 본능적인 판단으로 젊은 시절 예술을 공부하기로 결정했고, 미대 2학년 때 도예 전공을 선택했다. 그는 빠른 직감에 이끌려 1993년 미국 샌프란시스코로 건너가서 조각으로 대학원 과정을 밟았다. 2002년, 3년 만에 한국으로 돌아온 그는 또다시 직감을 따라 서울 동쪽의 산속에 자신만의 집과 작업실을 짓기로 결심했다. 오롯이 혼자 작업에 몰두할 수 있는 공간을 만들기 위해서였다.

이헌정은 서울에서 약 48킬로미터 떨어진 인기 휴양지 양평을 방문했다. 당시 그의 작업실은 비무장지대DMZ 근처 외딴 지역에 위치한 친척의 사슴 농장 안에 있었는데, 약 두 시간을 운전해서 양평에 땅을 소유한 친한 친구를 만나러 간 것이었다. 이헌정이 친구에게 언젠가 자신의 스튜디오를 짓고 싶다는 꿈을 털어놓자, 친구는 그를 숲이 우거진 경사지의 작은 땅으로 데려갔다. 이 땅의 주인은 다름 아닌 그 친구였다. 친구는 그 땅을 서둘러 팔 생각은 없었다.

"당시 저는 어렸고 돈도 없었고 은행 대출을 받을 신용도 충분하지 않았어요. 그래서 우리의 대화는 거기서 끝났죠. 하지만 그날 밤 저는 잠을 이룰 수 없었어요. 그 땅에 대한 생각이 머릿속에서 떠나질 않았거든요."

다음 날, 이헌정은 친구와 거래를 성사시켰다. 그는 그 땅의 대금을 1년 동안 할부로 지불하기로 했다. 한국에서 흔하지 않은 거래 방식이었다.

처음에는 무료로 집을 설계해주겠다고 제안한 건축가 친구와 함께 집을 짓기로 계획했다. 하지만 현장을 직접 살펴본 친구는 이헌정에게 가능한 한 빨리 그 땅을 처분하라고 권했다. 그 땅은 가파른 경사지였고, 이는 한국처

사진 속 도예가의 집은 경사면을 깎아 만든
뜰을 사이에 두고 작업실과 마주 보고 있다.

◀ 이헌정의 가마 크기에 맞춰 두 조각으로 나누어
  제작된 도자 테이블 곁에는 지역 초등학교에서
  가져온 의자들(오른쪽)과 이영섭 작가의
  조각 작품이 놓여 있다.

럼 국토의 3분의 2 이상이 산악 지형인 나라에서는 흔한 일이었지만, 집을 짓기에 이상적인 조건은 아니기 때문이었다. 게다가 이 땅은 해를 등지고 있어 눈이 많이 내리는 혹독한 겨울을 견뎌내기 더욱 어렵다고 예상했다.

이헌정은 굴하지 않았다.

"제가 직접 설계하기로 결심했어요. '조각 만드는 것과 그렇게 다를 게 없을 것'이라고 생각했죠."

매체와 분야의 경계를 거부하는 태도는 오랫동안 이헌정의 작품 세계를 규정해왔다. 특히 그의 도자 가구에서 이러한 특징이 두드러진다. 청자와 오팔 색조로 된 풍선 같은 형태의 가구는 명확한 구분을 거부하며, 기술, 예술, 산업 디자인이라는 전통적인 장르 분류를 유쾌하게 비웃는다. 이헌정은 다양한 재료 탐구에 대한 자신의 오랜 관심사 때문에 건축 대신 예술을 전공으로 선택했다. 그리고 대학 2학년이 되던 해에 그 탐구는 도자기로 이어졌다. 하지만 당시의 대학 교육과정은 그가 기대했던 것과는 전혀 달랐다.

"학교는 기술자를 양성하는 데 더 집중했어요. 그 모든 전통의 무게가 저에게는 너무 부담스러웠어요."

그 무렵, 이헌정은 이미 미국 샌프란시스코만 지역의 펑크 아트Funk Art* 운동에 관심을 가지고 있었다. 이 운동은 1950년대 후반에 시작된 미술 사조로, 추상표현주의의 비인간성을 거부하는 흐름이었다.

"저는 자유로울 수 있는 곳으로 가기로 결심했어요."

한국으로 돌아온 후, 이헌정은 매년 최소 한 번씩 개인전을 열기 시작했다. 2000년대 초 열린 한 전시에서 그는 다양한 재료를 사용해서 '거실 환경'을 조각 작품으로 재현했다. 그중 하나는 C자 형태의 콘크리트 테이블이었는데, 테이블 하부에 강철 공이 매달려 있었다.

이헌정은 신기해하며 말한다.

"갤러리에서 이 작품을 본 사람들은 이것이 무엇을 의미하는지 알고 싶어 했어요."

* 1960년대 미국 회화의 한 흐름으로 당시 미술 동향과 달리
  반기능적·반지성적·반형식적인 스타일을 추구한다.

◀ 인도네시아산 목재인 멀바우(Merbou)로 만든 계단이 한국 작가 김강용의 연작 앞에 설치되어 있다.

◀ 이헌정은 현재 산타모니카와 양평, 두 곳에 작업실을 두고 활동하고 있다. 주로 산타모니카 작업실에서 지내며, 양평 작업실은 현장 제작팀의 도움을 받아 운영하고 있다.

서울 동쪽 교외에 위치한 양평의 산자락은 도시
생활에 지친 사람들에게 인기 있는 자연 속 휴식처다.
사진은 거실에서 바라본 풍경이다.

하지만 그는 작품에 고정된 의미를 부여하는 것에도, 예술계의 허세에 휩쓸리는 것에도 관심이 없었다.

"몇 년 후, 같은 작품을 디자인 쇼에서 선보였을 때 사람들은 의미를 묻지 않았어요. 그냥 작품을 즐기려고 했죠. 그 순간 저는 가구를 만들기로 결심했어요. 관객과 더 가까워질 수 있는 방식이었으니까요."

이헌정이 양평 작업실을 짓던 시기는 그가 본격적으로 가구 제작을 시작한 시기와 맞물려 있었다. 건축가 친구를 프로젝트에서 배제한 후, 그는 직접 설계도를 구상하기 시작했다. 현장의 지형도를 확보하고 점토를 이용해서 자신의 아이디어를 구체화했다. 그는 언덕 경사면을 따라 테라스를 조성했고, 집과 스튜디오를 서로 직각으로 배치했다. 두 건축물 자체를 석축 구조물처럼 활용해 파낸 대지를 안정시키는 방식이었다.

작업실은 평탄하게 조성된 마당을 향해 열려 있고, 무겁고 거대한 강철 빔 프레임이 이를 감싸고 있다. 이 빔은 유교 사당 입구에 세워진 홍살문처럼 붉게 칠해졌지만 산업적 스케일로 확장된 모습을 하고 있다. 한편, 주택은 개방성과 폐쇄성을 동시에 지닌 구조다. 여백을 강조한 실내 공간은, 뚫려 있는 콘크리트 벽과 노출된 목재 빔 천장으로 둘러싸여 있다. 이 두 개의 건축물은 거대한 바위와 하나의 경계처럼 보인다. 마치 산이 뱉어낸 거대한 암석과 그 바위가 떠난 자리의 빈 공간처럼.

그 시절 이헌정은 상주 시공업자를 고용할 여력이 없었다. 대신 그는 직접 공사 현장을 관리했다. 주 5일 왕복 네 시간 거리의 스튜디오와 건축 현장을 오가며 공사를 지휘하는 동시에 멀리 떨어진 가마에서 도자기 작업을 계속했다.

"설계도는 조각을 만들 때와 마찬가지로 공사 과정에서 계속 수정되었어요. 작업을 하면서 형태와 재료를 연구하다 보면, 과정 속에서 자연스럽게 변화하게 되죠."

집을 짓는 동안 이헌정은 실수하고 이를 수정하는 과정을 통해 용접, 목공, 콘크리트 작업에 대해 많은 것을 배웠다.

집과 작업실을 완공한 지 3년 후인 2007년, 이헌정은 새로운 창고 겸 갤러리를 증축했다. 이 건물의 지붕은 기존 건물 사이에 위치한 풀밭 마당의 연장이 되었다. 집의 내부에는 합판과 소나무 목재를 광범위하게 사용해 따뜻하고 아늑한 분위기를 조성했다. 반면, 갤러리는 콘크리트 벽, 배수구 격자창, 산업용 강철 튜브로 만든 기둥을 사용해 마치 벙커나 댐 내부 같은 느낌을 준다. 이는 점점 확장되는 그의 작업 세계를 뒷받침하는 기반 시설과도 같다.

요즘 이헌정은 한국과 캘리포니아를 오가며 생활하고 있다. 캘리포니아 산타모니카Santa Monica에 그의 두 번째 스튜디오와 집이 있다. 양평과 산이 그에게 고립된 공간을 제공한다면, 캘리포니아는 바다와 가까운 환경 속에서 로스앤젤레스의 지적 활기를 경험할 수 있게 해준다. 그는 두 개의 스튜디오를 오가며 작업하면서 자신의 도자기 작품에 예상치 못한 변화가 생긴다고 말한다. 그의 작업은 환경과 맥락에 영향을 받으며 그가 몸담은 장소의 빛과 분위기에 따라 달라진다. 로스앤젤레스의 부드럽고 흐릿한 태평양 빛, 서울의 차갑고 정밀한 겨울 햇살, 그리고 한 공간에서 다른 공간으로 이동할 때 느끼는 추상적인 감정의 변화가 그의 작품을 형성하는 요소들이다.

이헌정의 갤러리는 양평 부지에서 가장 최근에 지어진 건물이지만, 이곳은 20년 전 이헌정이 집과 마을을 연결하기 위해 직접 만든 좁은 길을 따라 처음으로 나타나는 건물이기도 하다. 건물의 콘크리트 외벽에는 굵은 대문자로 '바다'와 '캠프 A'라는 글자가 새겨져 있다. '바다'는 물리적·시간적 거리감을 상징하며, 이헌정이 운영하는 회사의 이름이기도 하다. 이 단어는 그가 십 대였을 때 세상을 떠난 아버지와 함께 바다에 나갔던 소중한 기억을 떠올리게 한다. 한편 '캠프 A'라는 이름은 이곳이 단순한 작업 공간을 넘어 그에게 진정한 '집'이라는 사실을 분명하게 드러낸다. 뜨거운 여름과 눈 덮인 겨울, 끝없이 이어지는 숲과 언덕의 물결 속에서, 이곳은 그가 머물며 창작하는 공간이자, 그의 삶의 터전이다.

이헌정에게 여행은 그의 작업에서 여전히 중요한 요소이며, 그가 젊은 시절부터 늘 추구해온 것이기도 하다. 그러나 그에게 여행은 단순히 영감을 찾기 위한 것이 아니라, 독특한 형태의 내면 탐구를 의미한다.

"저는 여행을 통해서 거리를 두고 저 자신을 되돌아보려고 하죠. 하지만 완벽한 여행이 되려면 반드시 돌아와야 해요. 돌아오지 않으면 그건 여행이 아니라 그냥 떠나는 것일 뿐이니까요."

산은 신선한 공기를 찾는 도시인들, 탄압을 피해 달아나는 혁명가나 반군 그리고 깨달음을 추구하는 성인들에게 피난처나 은신처가 되어주었다. 이헌정에게 산은 그의 세상에서 가장 안전하고 고요한 중심이다. 이곳은 그에게 베이스캠프이며, 직관의 흐름에 따라 살아가는 그의 삶을 지탱해주는 균형추다. 여정이 끝나는 곳이자, 새로운 여정이 언제든 다시 시작될 수 있는 곳이다.

니에메예르를 재조명하다

아드리아나 바레장과 페드루 부하르케
브라질, 리우데자네이루

◀ 멕시코 작가 페드로 레예스(Pedro Reyes)의 조각 작품이 집 입구 옆에 서 있다. 열대의 푸르름 사이로 길게 그어진 흰 선처럼 자리한 이 조각은, 멀리 그리스도 구세주상이 서 있는 각진 코르코바두 언덕의 봉우리와 어우러진다.

▶ 집 뒤편으로 솟아오른 가파른 화강암 절벽에 자리한 전망대는 니에메예르의 원래 설계에 포함된 것으로 라고아 주택가와 이파네마 해변 너머로 펼쳐지는 대서양 수평선의 장관을 한눈에 조망할 수 있다.

리우데자네이루는 16세기 설립 당시부터 그 도시를 감싸고 있는 산들에 의해 형성되고, 제한되었으며, 동시에 장엄한 경관을 갖추게 되었다. 브라질이 독립한 지 28년 후인 1850년, 미국 작가 허먼 멜빌Herman Melville은 자신의 회고록 『화이트 재킷』*White-Jacket*에서 리우의 산맥을 시적으로 묘사했다. 그는 "해 뜰 무렵과 해 질 무렵, 거대한 촛불처럼 타오르는 높은 원뿔 모양의 봉우리들"과 그곳에서 "끝없는 여름이 선명한 녹색 계단식 테라스에 영원히 매달려 있는 듯한 풍경"을 찬미했다. 도시가 성장하면서 리우의 도심은 화강암 절벽과 좁은 평지 사이로 퍼져나갔고, 나중에는 낮은 언덕을 깎아낸 매립지 위까지 확장되었다. 심지어 리우의 상징적인 해변인 코파카바나Copacabana와 플라멩구Flamengo조차 산의 흙을 이용해 조성된 것이다.

이후 '파벨라'favelas로 불리는 정착촌들이 벽돌, 콘크리트, 양철로 이루어진 입체적 배열로 경사지를 따라 형성되었다. 리우는 중심에서 바깥으로 성장했다기보다 티주카Tijuca 국립공원의 숲으로 덮인 봉우리를 둘러싸며 확장된 도시다. 티주카 공원은 난초와 폭포가 곳곳에 자리하고 있으며, 개울들이 산악 계곡을 가로지르며 흐르는 약 40제곱킬로미터 넓이의 광활한 산악 지대다.

리우는 본질적으로 '산의 도시'다. 리우에서 가장 아름다운 주택들 역시 산속에 자리한 마운틴 하우스다. 그 대표적인 예가, 예술가 아드리아나 바레장Adriana Varejão과 영화 제작자 페드루 부아르케Pedro Buarque의 빛나는 모더니즘 빌라다.

2010년 아드리아나와 페드루는 현재 그들의 주거지가 된 이 집을 처음 방문했다. 그 당시 이 집은 브라질의 전설적인 모더니스트 건축가 오스카르 니에메예르Oscar Niemeyer가 설계한 지 41년이 지난 상태였다. 이 집은 원래 니에메예르가 처제를 위해 소박하게 지은 것이었다. 집은 가파른 화강암 절

거실에는 고대 카파도키아의 안장깔개가 놓여 있어, 미니멀한 선이 강조된 공간에 따뜻함과 입체감을 더해준다.

▶ 두프라트가 설계한 정원은 동석으로 마감된
수영장 가장자리로 풍성하게 드리워진다.

벽에 기대고 있는 좁은 대지 위에 자리 잡았으며, 언덕을 따라 박힌 두 개의 하얀 콘크리트 슬래브와 작은 방으로 올라가는 나선형 계단으로 이루어져 있다.

절벽을 따라 계단을 오르면 작은 방이 하나 있는데 이곳에서는 이파네마Ipanema 해변과 대서양을 한눈에 조망할 수 있다. 이 집은 당시에도 여전히 첫 건물주의 딸이 소유하고 있었는데, 건축가인 그는 집의 원래 구조를 신중히 보존해왔다. 그러나 리모델링이나 유지보수 비용을 감당할 여력이 없어 집은 상당히 노후화된 상태였다.

바닥은 싸구려 테라코타 타일로 덮여 있었고, 그 위에는 번들거리는 검은색 페인트가 칠해져 있었다. 작은 중정은 마치 테라리움처럼 유리 패널로 덮였고, 상단 일부만 열리도록 설계되어 있었다. 1층 침실은 축축하고 어두웠으며, 니에메예르가 사랑했던 곡선미를 반영한 유일한 장식인 나선형 계단은 높고 투명한 유리 패널로 둘러싸여 마치 공기 수송관*처럼 보였다. 게다가 꼭대기 방은 창문이 깨진 채 방치된 상태였다.

아드리아나와 페드루가 처음 이 집을 보았을 때, 이 집은 이미 수년간 매물로 나와 있던 상태였다. 이전의 잠재적인 구매자들은 침실을 차고로 개조하고 2층을 추가하는 계획을 제안했다. 그러나 이러한 개조는 완벽하진 않더라도 섬세하게 설계된 니에메예르의 원래 디자인을 완전히 망가뜨리는 것이었다. 심지어 어떤 구매자는 집을 아예 철거하고 새로운 건물을 세우길 원했다. 이 집은 유명한 건축가의 작품이었음에도 불구하고, 세계 여러 나라의 모더니즘 건축물이 그러하듯, 보호받는 문화유산이 아니었다.

"브라질에서는 이런 집을 사서 허무는 일이 매우 흔해요."

* 우편물 등 가벼운 물건을 도착지까지 이어진
관 속에 넣고 압축 공기로 운반하는 장치.

▲ 주방에는 기존의 카나리 옐로 색상 캐비닛을 그대로 유지했다.

▶ 식사 공간은 세르지우 호드리게스(Sergio Rodrigues)와
조르지 잘주핀(Jorge Zalszupin)이 디자인한
브라질 현대 디자인의 상징적인 가구들로 꾸며져 있다.

예술을 통해 브라질 역사의 잔혹함과 그 흔적이 지워지는 문제를 다루는 아드리아나는 말한다.

"집주인은 이 집의 가치를 이해할 수 있는 사람들에게 팔기를 간절히 원했어요."

리우 출신인 아드리아나와 페드루는 이 집의 가치를 누구보다 잘 이해하고 있었다.

"리우에서 산다는 것은 풍경과 함께 살아가는 것과 같아요. 십 대 시절, 바닷가에 가지 않은 날이 며칠이나 되는지 셀 수 있을 정도였어요."

아드리아나와 페드루가 집을 사기로 결정했을 때, 그들은 도시 주택이면서 동시에 주말 주택 역할을 하는 집을 원했다.

아드리아나는 덧붙인다.

"우리는 인구 2,000만 명이 넘는 브라질 최대 도시 상파울루 사람들처럼, 금요일마다 도시를 빠져나가기 위해 교통 체증과 싸우고 싶지 않았어요. 리우에서는 도심 안에서 그 모든 자연을 누릴 수 있죠."

육중한 테라코타 지붕을 얹은 주변 집들과 달리 니에메예르의 이 집은 주변 자연환경과 완벽하게 조화를 이루고 있었고, 뒷마당에서 자연을 그대로 느낄 수 있었다.

페드루는 말한다.

"우리는 이 집이 이미 지니고 있는 잠재력을 충분히 개선할 여지가 있다는 걸 바로 알 수 있었어요. 정말 놀라운 프로젝트가 될 거라고 확신했죠."

5년에 걸쳐 아드리아나와 페드루는 니에메예르의 원래 디자인을 겉으로 보기에는 변화시키지 않으면서도 집의 구조를 대대적으로 개편했다. 첫 번째 단계는 건축가 로드리고 세르비뇨 로페스Rodrigo Cerviño López와 조경건축가 이사벨 두프라트Isabel Duprat와 함께 진행했다.

이들은 건물 아래 차고를 굴착하고 기존의 진입로를 계단으로 변형해 흰색 줄이 섞인 회색 브라질산 동석으로 포장했다. 이 과정은 차고를 정원으로 바꾸고 집 뒤편에 새롭게 창문을 내는 큰 공사였다. 실내에서는 중정 주변 고정식 창문을 제거하고 미닫이문을 설치했다. 이제 거실과 식당은 양치식물, 야자수, 필로덴드론으로 이루어진 열대 정원과 자연스럽게 연결되었다.

프로젝트가 시작된 지 약 18개월 후, 부부는 그들의 공간을 압도하듯 서 있던 4층짜리 대저택을 철거하기 위해 옆 부지를 매입했다. 이후 부부는 이사벨과 리우를 기반으로 활동하는 건축가 리아 시케이라Lia Siqueira와 협력하여 새로운 공간을 조성했다. 그들은 새로 확보한 부지를 완전히 개방하여,

정원과 브라질산 동석으로 마감한 수영장을 만들었다. 그리고 부분적으로 개방된 거실 공간을 설계했고, 그 위 지붕은 집의 입구 층에서 포장된 테라스 역할을 하도록 했다. 이 테라스는 단순하고 합리적인 집의 형태를 완전히 새로운 시각으로 감상할 수 있는 공간인 동시에, 리우의 상징적인 화강암 절벽인 코르코바두 언덕Corcovado Hill의 장엄한 전경을 온전히 조망할 수 있는 공간이 되었다.

부부는 실내 공간에 더 많은 자연과 개방감을 끌어오기 위해 거실 벽에 원형 창을 새로 냈다. 이 디자인 요소는 대서양 연안을 따라 더 남쪽에 위치한 또 다른 니에메예르의 주택에서 영감을 받은 것이었다. 또 기존 나선형 계단의 유리 패널을 완전히 제거하고, 대신 하얗게 칠한 금속판으로 감쌌다. 이제 햇빛과 자연이 사방에서 스며든다.

아드리아나는 말한다.

"우리가 만든 변화의 거의 대부분은 어떤 요소를 제거하는 것이었어요. 추가한 것은 오직 하나, 투명성뿐이었죠."

2016년 이 집으로 이사한 이후, 아드리아나와 페드루는 자신들이 태어난 도시가 자연환경과 연결되어 있음을 그 어느 때보다 깊이 실감하게 되었다. 벌새, 큰부리새, 카푸친원숭이 무리들이 산에서 내려와 두프라트가 설계한 정원을 탐험한다. 아드리아나는 십 대 딸과 함께 정기적으로 주말 하이킹을 한다. 모녀는 도시에서 숲으로 불과 몇 분 만에 진입할 수 있으며, 한 시간도 채 안 돼 눈부신 폭포와 깊은 계곡의 물웅덩이에 도착한다.

"이곳은 그야말로 천국이에요."

페드루는 자신의 집과 나아가 그가 사랑하는 도시를 두고 이렇게 말한다. 많은 사람이 '기적의 도시'라고 부르는 이 도시는 그 명성 그대로다. 이토록 아름다운 자연 속에서 들려오는 이 말들은, 자부심 가득한 선언이라기보다 역사적 사실에 대한 겸손한 진술로 들린다.

수년 동안, 리우의 산들은 도시의 관능적인 매력을 상징하는 시각적 클리셰로 소비되어왔다. 그러나 멀리 보이는 티주카 봉우리에서부터 이파네마 해변 끝자락에 자리한 두 형제 봉우리Two Brothers의 기울어진 실루엣까지, 이 산들은 단순히 도시를 위한 무대 장치가 아니다. 이 산들은 이 도시의 심장이다.

야자수, 양치식물, 필로덴드론으로 이루어진 실내 정원이 집 중심을 관통하듯 자라면서, 스위스 산업 디자이너 빌리 굴(Willy Guhl)이 만든 루프 체어 세 점 뒤로 풍성한 배경을 이룬다.

자연이 만든 예술, 요하네스달 빌라

다네 에르위와 크리스 윌렘스

남아프리카공화국, 케이프와인랜드

◀ 드라켄스타인산과 시몬스버그산 사이에 자리한 이 집은 때때로 휘몰아치는 거센 바람으로부터 와인 산지를 보호해주는 독특한 미기후 속에 놓여 있다.

▶ 수영장은 정원 쪽으로 길게 뻗어 있으며 그 너머로는 드라켄스타인산이 펼쳐진다. 해 질 무렵이면 물 위로 찬란한 붉은빛과 황금빛이 반사되어 눈부신 풍경을 만든다.

여름 저녁이면 아프리카 대륙 남쪽 가장자리를 넘어 서쪽으로 지는 태양이 드라켄스타인산Drakenstein Mountain의 울퉁불퉁한 바위를 불길처럼 물들인다. 거친 석회암 표면이 옅은 분홍색으로 물들었다가 눈부시게 타오르는 붉은색으로 변한 후 마치 꺼져가는 등불처럼 어둠 속으로 사라진다. 산기슭에서 불과 1.6킬로미터 떨어진 곳에 살고 있는 플로럴 디자이너이자 화훼 농부인 다네 에르위Dané Erwee는 이렇게 말한다.

"여기 살다 보면 이상한 습관이 생겨요."

다네는 2007년 파트너인 크리스 윌렘스Chris Willemse와 함께 이곳에 현대식 농가를 지었다.

그는 이어서 말한다.

"현관에 앉아 산을 바라보게 되죠. 햇빛이 반사되는 순간을 잘 포착하면, 수영장이 금빛 항아리처럼 빛나요. 그 아름다움은 그저 넋을 잃게 만들죠."

1990년대 후반, 조경 건축을 전공한 다네와 원예학자인 크리스는 남아프리카공화국 케이프타운 북동쪽, 케이프폴드산맥Cape Fold Mountains의 봉우리 사이에 자리 잡은 케이프와인랜드Cape Winelands 지역으로 이주했다. 이곳은 케이프 더치 양식의 농가와 질서정연한 포도밭이 펼쳐진 곳이다.

그로부터 얼마 지나지 않은 1999년, 두 사람은 마을에 오카시에OKASIE라는 꽃집을 열었고, 이후 행사를 비롯한 화려한 설치 작품까지 포함하는 사업으로 확장했다. 그들이 만든 작품 중에는 크림색과 연보라색 장미가 흩날리는 듯한 조형적인 장식이나, 밤하늘의 별자리를 연상시키듯 공중에 매단 섬세한 흰색 모란 꽃송이 같은 설치물이 있다. 그해 우연히 그들은 자신들의 집을 짓게 될 부지를 발견했다.

다네는 회상한다.

"그 땅을 정말 우연히 발견했는데, 5일 후에 바로 매입했어요. 우리 둘 다

별장에는 꽃과 식물 장식이 도처에 흩어져 있다. 특히 뒤쪽 베란다에는 꽃 모양을 쿠션에 수놓거나 도자기로 빚기도 하고, 때로는 헝클어진 담쟁이덩굴 가지에 꽃을 구리선으로 묶어놓기도 한다.

◀ 빌라의 주방에는 벚꽃을 우아하게 장식해놓았다.

그곳에 완전히 빠져들었죠."

처음부터 두 사람의 목표는 이 땅에 살면서 농사를 짓는 것이었다. 드라켄스타인산과 시몬스버그산Simonsberg Mountain이라는 거대한 봉우리 사이에 자리 잡은 약 2만 4,000제곱미터 규모의 땅은, 종종 웨스턴케이프Western Cape주를 강타하는 거센 바람에도 안전했다. 고지대가 주변을 둘러싸고 있어 "꽃을 키우기에는 환상적인 기후"라고 다네는 말한다. 토종 식물과 이국적인 식물을 예기치 않은 방식으로 조합하는 것은 오카시에의 시그니처 스타일로 자리 잡았고, 그와 크리스는 이곳이 오카시에를 위한 이상적인 온실이 될 것이라고 확신했다.

이 땅은 여러 가지 어려움을 안고 있었다. 비록 중요한 와인 산지인 스텔렌보스에서 역사적인 마을인 프란슈후크Franschhoek로 연결되는 2차선 도로를 따라 조성되었지만, 해당 부지에는 전기도 들어오지 않았고 도로에 진입할 수 있는 차량 진입로조차 없었다. 다네와 크리스는 무엇보다도 전력망을 연결하고 주요 도로와 집을 잇는 진입로를 만들기 위한 행정 절차부터 해결해야 했다. 실질적인 어려움 이외에도 스텔렌보스 교외의 안정적이고 편안한 생활을 떠나 시골의 광활한 땅으로 이사한다는 것은 '압도적'인 일이었다.

"여기에는 경계선이 없어요. 그저 나와 내 파트너, 그리고 우리 강아지 두 마리뿐이죠."

다네는 그렇게 회상한다. 몇 년이 지나서야 그들은 집을 지을 준비가 되었다. 2006년경, 마침내 집을 지을 시기가 오자, 다네와 크리스는 건축가 헨리 컴리Henri Comrie에게 연락했다. 헨리는 옥스퍼드에서 학업을 마치고 2년 전에 자신의 고향인 남아프리카공화국으로 돌아온 상태였다. 그들이 처음 만난 것은 1998년, 다네와 크리스가 스텔렌보스로 이사한 직후였다. 서로의 친구 집에서 우연히 만난 자리에서 헨리는 다음과 같은 말을 들었다고 회상한다.

"크리스와 다네는 만약 자신들의 집을 설계해야 할 일이 생긴다면, 저에게 의뢰할 거라고 넌지시 말하더군요."

스텔렌보스에 있는 다네와 크리스의 집을 방문한 후, 컴리는 땅 위에 섬세하게 자리 잡은 헛간 같은 디자인을 구상했다. 다네와 크리스는 이 첫 번째 설계를, 흰색 벽과 박공지붕을 특징으로 하는 케이프 더치 농가의 전통적인 지역 양식에 깊은 뿌리를 두고 있는 케이프 모던 운동의 연장선으로 해석했다.

헨리는 당시를 회상하며 말한다.

"다네는 첫 설계안에 만족하지 못하고 좀더 추상적인 디자인을 제안했어요."

남아프리카 웨스턴케이프 농촌 지역의 채소와 밀 농장을 운영하는 가정에서 자란 다네가 이어 설명한다.

"헨리는 급격히 방향을 틀어 바라간 스타일Barragánesque*의 흰색 블록 같은 구조물을 제시했어요."

이 새로운 프로젝트는 하얗게 칠한 벽돌(지역 전통 건축물에서 가장 흔한 마감재와 재료)로 이루어진 일체형 구조물이다. 컴리는 이 디자인이 주변 산봉우리를 모방해 위로 뻗어나가는 모습이라고 설명했다.

이에 대해 다네는 이렇게 덧붙인다.

"이 집은 강렬한 존재감이 있어요. 하지만 여전히 농가의 느낌이 살아 있죠. 제 어린 시절의 향수를 고스란히 담고 있어요."

헨리는 미드센추리 스타일의 저명한 건축가 루이스 바라간의 작업 방식에 강한 영향을 받았다. 루이스의 주택들과 마찬가지로, 이 집도 처음에는 그 속을 들여다볼 수 없는 구조다. 이 집은 하나의 기하학적 블록 같은 모양으로 마치 주변 산봉우리 사이에 자리 잡은 하나의 조각 작품과 같다.

집 안으로 들어서면 견고한 외관은 미로 같은 복도와 복층 계단으로 이어지는 공간으로 변한다. 공간은 땅의 경사를 따라 아래로 내려가는 구조인데, 바닥은 낮아지고 천장은 높아진다. 건물 입구의 두꺼운 벽돌 구조는 점차 노출된 천장 들보와 뒤쪽의 탁 트인 유리창이 등장하면서 사라진다. 이러한 재료적·공간적 변화는 방문객을 좁고 아늑한 입구에서 시작해 넓고 개방적인 거실과 식사 공간으로 자연스럽게 안내한다. 이어서 바닥에서 천장으로 이어지는 유리창을 통해 야외 거실로 연결되고, 꽃 농장과 드라켄스타인산의

---

* 멕시코의 건축가 루이스 바라간에게 영향을 받은 건축 스타일. 유럽 모던 건축과 멕시코 건축을 결합한 단순한 외형, 강렬한 색과 빛 활용이 특징이다.

빛나는 황동 패널을 침대의 헤드보드로 사용하여 고급스러움을 더했다.

▲ 현관에는 토란잎이 그려진 캔버스 앞에 화분에 심은 난초들이 자라고 있다.

▲ 다네의 식물 드로잉 연작은 19세기 프랑스 식물학자 피에르조제프 르두테(Pierre-Joseph Redouté)에게서 영감을 받았다.

깎아지른 절벽이 펼쳐지는 장엄한 풍경을 마치 한 편의 영화처럼 감상할 수 있는 장면이 연출된다.

본래 맥시멀리스트 성향을 지닌 다네와 크리스는 이 집의 딱딱한 직선미를 부드럽게 만들기 위해 공간을 앤티크 가구와 직물들, 다네가 직접 그린 풍경화와 초상화로 가득 채웠다. 그 결과 재미있고 화려한 오브제들의 과감한 조화가 공간을 압도한다. 도자기와 책들이 선반과 벽난로를 가득 채우고, 지도책의 낱장들은 벽지가 되었으며, 지구본은 램프로 개조되거나 바구니에 마치 감귤처럼 가득 담겨 있다.

시간이 흐르며 집의 표면은 점차 세월의 흔적을 받아들이기 시작했다. 문에는 긁힌 자국이 생겼고 페인트는 벗겨졌으며, 돌바닥이 발길에 닳아 매끈해졌다. 이와 동시에 건물 자체도 정원과 점점 하나가 되어갔다. 가을마다 선홍빛으로 물드는 담쟁이덩굴은 유리와 흰색 강철 구조로 된 건물의 뒷벽 대부분을 뒤덮었고, 봄마다 늘어진 꽃송이를 자랑하는 라일락은 욕실을 점령하다시피 하며 자라고 있다.

또 어떤 곳은 자연이 만들어낸 변화인지, 다네와 크리스가 정교한 손길을 더한 것인지 구분하기 어려울 정도로 그 조합이 자연스럽다. 구리철사에 고정된 도자기로 만든 칼라 꽃은 테라스를 가로질러 뻗어가는 가지만 남은 담쟁이덩굴을 감싸고 있다. 꽃들은 쿠션의 직물 속에서 피어나고, 세월이 깃든 카펫 표면을 기어오르는 듯한 착각을 불러일으킨다. 현관에는 난초 생화와 화분에 심긴 떡갈잎고무나무가 다네가 직접 그린 캔버스 그림 위에 자연스럽게 어우러진다. 그 그림 속에는 마치 현실처럼 펼쳐진 토란의 부채 모양 잎이 자리하고 있다.

이처럼 인공적인 요소와 자연의 경계가 흐려지는 현상은 정원으로까지 이어진다. 이 정원은 집과 마찬가지로 끊임없이 변화하는 공간이다. 좁은 강이 가로지르는 뒷마당의 그늘진 나무 아래에서 수국이 가지런히 자라고, 따사로운 햇볕이 드는 곳에는 장미가 만개했다. 집 가까이 다가갈수록 정원은 점점 더 야생적인 분위기를 띠며, 울창한 관목과 아치형 덩굴식물이 풍성하게 뒤엉켜 자란다.

계절에 따라 다네는 연한 분홍빛 꽃이 핀 사과나무 가지를 채집하거나, 백합나무의 높은 가지에 올라가서 녹색 컵 모양의 꽃을 따기도 한다. 2020년에 그와 크리스가 집 옆에 오픈한 이벤트 공간 요하네스달 1207Johannesdal 1207에서 최근 열린 한 결혼식 피로연에서는, 잎을 제거한 뽕나무의 맨가지와 짙은 색의 열매를 활용해 강렬한 장식물을 완성했다. 그 위에는 난초와 장미를 화려한 화관처럼 얹었다.

다네는 말한다.

"이런 연출은 오직, 이 식물들과 함께 살아가면서 그들을 완전히 이해할 때만 가능해요. 저는 자연을 매만지면 예술이 될 수 있다는 그 사실이 좋아요."

최근 몇 년 동안, 다네는 행사 준비와 같은 단기적인 작업에 열중하기보다는(그 부분은 크리스의 영역이다), 그림 그리는 일과 '키우는 일과 농사짓는 일'에 더 큰 열정을 가지게 되었다고 말한다.

"더 오래 지속되는 프로젝트, 즉 무언가가 성장하고 성숙해가는 과정을 지켜보는 것이 내게 더 중요한 일이 되었어요."

결국 이런 변화는 자연이든, 사람이 가꾼 정원이든, 혹은 예술을 창작하는 과정이든, 집을 짓고 가꾸는 과정이든 가장 본질적인 요소라고 할 수 있다.

◀ 집 안 곳곳은 마치 가정집에 꾸며놓은 진기한 수집품 전시실처럼 온갖 물건으로 가득 차 있다. 현관에는 선명한 녹색으로 칠해진 합판 난간이 있는데, 이는 나중에 덧붙여진 것이다. 지금은 생기 넘치는 선명한 초록색으로 칠해져 있다.

▲ 2층 베란다의 좌석 공간에는 다네가 손수 덮개를 씌운 스툴과 부부가 여행 중에 가져온 기념품들로 가득한 진열장이 놓여 있다.

여러 겹의 시간 위에 선 둑 위의 집

피오나 매카이
미국 뉴욕, 스톤리지

◀ 18세기 농가는 뉴욕주 북부 캐츠킬산맥 자락의 완만한
경사면에 자리 잡고 있으며, 멀지 않은 곳에 샤완건크산맥의
가파른 사암 절벽이 펼쳐져 있다.

▶ 1층 식당에는 지역 화가 얼 스워니건(1965~2019)과
남아프리카공화국 화가 조지나 그래트릭스의 그림
두 점이 석회로 덮인 두껍고 울퉁불퉁한 벽에 걸려 있다.

    미술 자문가인 피오나 매카이Fiona Mackay는 2014년 뉴욕주로 이주해 캐츠킬산맥에 위치한 콜로니얼 양식의 석조 주택을 구입했다. 그전까지 그는 자신의 고향인 남아프리카공화국 케이프타운의 상징적인 테이블산을 오르며 수많은 주말을 보냈다. 테이블산의 풍경은 한편으로는 달 표면처럼 황량하면서도, 다른 한편으로는 울창한 숲과 같은 느낌을 동시에 지니고 있었다. 험준한 바위 산길에는 프로테아 덤불이 늘어서 있었고, 그 꽃들은 마치 폭발하는 별처럼 피어 있었다. 이 산은 피오나의 고향 기후를 결정했을 뿐 아니라, 그가 '집'이라는 개념에 대해 자신만의 철학을 만들어가는 데도 영향을 미쳤다.
    "그 산은 케이프타운에서 자란 사람들의 기억 속에 강렬한 존재로 남아 있어요. 특히 타지로 떠나온 저 같은 사람에게는 더욱 그렇죠."
    피오나는 17세에 런던의 『보그』Vogue 잡지사에서 인턴십을 하기 위해 처음 고향을 떠났다. 이후 대학을 다니기 위해 다시 고향으로 돌아왔지만, 런던과 파리에서 공부하며 직장 생활을 이어갔다. 그리고 뉴욕으로 이주해 컬럼비아 대학교에서 경영학을 전공했다.
    피오나는 런던, 파리, 뉴욕 세 도시가 가지고 있는 무한한 문화적 접근성과 세계적인 감각 그리고 도시 특유의 역동적 에너지를 사랑했다. 하지만 한편으로는 고향의 아름다움과 느릿한 삶의 속도, 하늘로 높이 솟은 산들과 끝없이 펼쳐진 남대서양을 그리워했다. 그리고 단순히 '존재하는 것만으로 충분한 공간'에서 느낄 수 있는 자유가 그리웠다.
    "아무것도 하지 않고 그저 주변의 아름다움을 즐기는 것만으로도 충분한 곳 말이에요."
    2016년 초 피오나는 아들을 출산했다. 그는 본능적으로 넓은 공간이 필요하다고 강하게 느꼈고 남편과 함께 시골에 있는 집을 찾아 나섰다.
    피오나는 이렇게 회상한다.

2017년부터 2021년까지 피오나가 운영했던 회사 '카루'(Karu)가 인도에서 수입한 수제 직물은 집 안의 소박한 분위기를 햇볕이 잘 드는 응접실까지 이어준다.

◂ 피오나는 매사추세츠의 골동품 시장에서 발견한
나폴레옹 3세 시대의 안락의자를 천갈이하는 대신,
안감으로 쓰인 캘리코 천을 그대로 드러내 가구의
구조적 형태를 고스란히 보여주기로 했다.

"브루클린의 작은 아파트에서 아이를 키우는 것은 불가능해 보였어요."

마침 뉴욕시에 살던 친구들이 허드슨강 서쪽에 위치한 캐츠킬산맥 자락의 작은 마을, 어코드Accord에 집을 구입한 참이었고, 피오나는 어느 여름 주말에 그 친구들을 방문했다. 그는 좁은 시골길을 따라 운전했고, 황금빛 석양이 졸졸 흐르는 개울을 반짝이며 비추고 있었다.

"당시 그 마을과 계절 그리고 그 시간대의 빛에는 뭔가 마법 같은 느낌이 있었어요."

그 순간, 피오나는 그곳에 반해버렸고, 집을 찾기 시작했다. 그리고 마침내, 샤완건크산맥Shawangunk Mountains의 가파른 사암 절벽 북쪽에 위치한 스톤리지Stone Ridge 마을에서 18세기 농가를 발견했다. 두 달도 채 되지 않아 그는 그 집을 구입하는 모든 계약을 마쳤다.

다행히도 이전 집주인들이 이미 많은 투자를 해두었던 덕분에 중앙 냉난방, 현대식 배관 그리고 새로운 전기 설비가 모두 갖춰져 있었다.

"집의 구조가 정말 단순해서 변경할 필요가 별로 없었어요. 예를 들어, 1층 벽 두께만 해도 60센티미터나 되니까요. 우리가 한 건 그저 페인트칠을 새로 하고, 조명과 가구를 바꾸는 정도였죠."

현재 이 집은 3층으로 되어 있는데, 언덕에 파묻힌 듯한 동굴 같은 입구 층부터 이전 집주인들이 추가한 밝고 탁 트인 3층까지 각기 다른 분위기와 세계를 만들어낸다. 1층은 투박한 흰색 석고가 벽을 감싸고, 그 위로 거칠게 다듬어진 천장 들보가 약 2.7미터 높이에서 공간을 지탱하고 있다. 피오나는 '해체적 역사주의'deconstructed historicism*를 떠올리게 하는 가구들로 공간을 채웠다. 매사추세츠의 브림필드Brimfield 골동품 시장에서 발견한 나폴레옹 3세 시대의 앤티크 안락의자 한 쌍은 상아색의 캘리코 안감을 그대로 노출시켜, 마치 재봉사의 마네킹처럼 연출했다.

식당에는 고전적인 윈저체어가 재활용 목재로 만든 식탁을 울타리처럼

---

* 전통적인 양식을 원래 모습 그대로 가져오지 않고,
그 구조나 의미를 해체해 새로운 형태로 재해석하는 것을 말한다.

◀ 피오나는 여름이면 햇볕이 잘 드는 응접실에서 와인을 마시기 위해 싱크대에 얼음과 와인병을 가득 채워 놓는다. 하얀 도자기 그릇은 남아프리카공화국 도예가 제이드 패턴(Jade Paton)의 작품이다.

▶ 피오나가 매일 아침 가장 먼저 하는 일은 잉글리시 불독 '페탈'을 데리고 마당으로 나가는 것이다. "맨발로 잔디를 밟으며 하루를 시작하는 건 정말 특별한 기분이에요"라고 그는 말한다.

▶ 집 뒤편 숲속에 자리한 소박한 식탁은 여름 저녁 식사를 즐기기에 안성맞춤이다.

둘러싸고 있다. 식탁 위로는 두 점의 작은 그림이 부드러운 석고 결 사이에 유유히 떠 있다. 하나는 2019년에 세상을 떠난 지역 화가 얼 스워니건Earl Swanigan의 작품이고, 다른 하나는 남아프리카공화국의 예술가 조지나 그래트릭스Georgina Gratrix가 자주색과 초록색의 표현주의적 붓질로 그린 형광색 푸들 그림이다.

한 층 위로 올라가면, 1층의 묵직한 분위기가 점차 느슨해지고, 오래된 재료의 틈새로 빛과 공간이 스며든다. 1758년 집을 지을 때 깐 마루판은 튼튼한 짜맞춤 방식으로 고정된 것이 아니라, 수백 년 된 못으로 연결되어 있다. 수백 번의 혹독한 겨울과 무더운 여름을 지나면서, 이 마루판은 뒤틀리고 틈이 벌어졌다.

피오나는 말한다.

"마루판 사이로 아래층이 보이는 게 정말 멋져요. 그 점이 우리가 이 집에 끌린 이유 중 하나였어요."

피오나는 이 집의 양식대로 후기 식민지 스타일의 가구를 놓는 대신 미드 센추리 클래식 스타일의 깔끔하고 실용적인 가구들을 배치했다. 또한 그가 2017년 공동 설립한 인도와 남아프리카 수공예품 중심의 홈웨어 브랜드 카루에서부터 이어진 수제 리넨에 대한 각별한 애정을 이 집에도 녹여냈다. 가장 위층은 아무것도 채우지 않은 채로 비워두었다.

"집의 다른 공간들은 질감이 풍부하고 역사가 가득해요. 바닥 틈 사이에는 정말로 수백 년 된 먼지가 남아 있을 정도니까요. 그래서 맨 위층의 공간만큼은 저에게 더 차분함을 주는 곳으로 남겨두고 싶었어요."

이 집이 다양한 질감과 분위기를 연구하는 공간이자 복잡한 도시 생활에서 벗어나 쉴 수 있는 안식처라면, 1만 6,000제곱미터 규모의 부지 끝에 위치한 19세기 헛간은 예술가와 장인들이 함께하는 커뮤니티 공간으로 헌정된 곳이다. 피오나가 처음 이곳을 발견했을 때 집 자체는 상태가 양호했지만, 헛간은 전면적인 개조가 필요했다.

피오나는 이전 소유주들이 남긴 수경 관개 시스템과 거미줄이 가득한 구석에서 녹슬어가던 도끼들을 모두 치운 후, 헛간을 스튜디오 겸 새하얀 갤러리로 탈바꿈시켰다. 이 갤러리는 그가 2021년부터 함께 일해온 로스앤젤레스 기반의 공예 및 실용 미술 갤러리 티와 셀렉트Tiwa Select의 작품을 전시하는 공간이 되었다.

이 공간은 또한 조지나 그래트릭스, 브로더릭 슈메이커Broderick Shoemaker, 그리고 티와 셀렉트 소속 섬유 예술가 메구미 샤우나 아라이Megumi Shauna Arai

같은 예술가들을 위한 비공식 작업실로도 활용되었다. 메구미는 뉴욕시의 작은 아파트에서 작업하고 있었는데, 작품을 전체적으로 보려면 침대 위에 작업물을 펼쳐야 할 정도로 공간이 제한적이었다.

피오나는 그 순간을 회상하며 이렇게 말한다.

"그가 마음껏 작업할 수 있는 공간을 제공한 것이 정말로 가치 있게 느껴졌어요."

피오나의 세계에서 공간은 고립보다는 창의성, 공동체 그리고 새로운 관점 창출에 대한 가능성을 의미한다. 이곳은 겨울에는 조용하지만, 여름이면 피오나는 주말마다 손님을 초대하고, 숲속에서 저녁 파티를 연다.

"이곳에서 식사를 한다는 건 정말로 마법 같은 경험이에요. 모기를 쫓을 수만 있다면 말이죠!"

반딧불이 어둠 속을 수놓는 한여름이 되면 전 세계 각지에서 피오나의 친구들이 이곳으로 모여들고, 함께 이른 아침 시간까지 음악과 춤을 즐긴다.

이 집에서의 생활은 피오나에게 런던이나 파리 같은 도시에서는 생각할 수 없었던, '시간의 흐름'에 대한 다른 차원의 사고를 가르쳐줬다.

피오나는 말한다.

"수백 년을 견뎌온 재료들로 정성스럽게 지은 이 공간에 있다 보면, 자연스럽게 '오래 지속되는 것'과 '순환 경제' 그리고 '대물림할 유산'에 대해 생각하게 돼요. 가구 하나를 새로 구입할 때도 '이걸 언젠가 내 아이에게 물려줄 수 있을까' 하고 스스로 질문을 먼저 하게 되지요."

산속에서의 삶은 단순히 초, 분, 시간과 같은 짧은 단위가 아니라 수 세기, 수천 년 그리고 수억 년에 걸친 오랜 지질학적 시간의 흐름 속에 자신을 놓는 것이다. 그러한 시간 속에서 변화는 단순히 가능한 것일 뿐 아니라 언젠가 반드시 이루어질 '필연'이 된다.

피오나는 도시도 여전히 집으로 생각한다. 사람과 장소를 연결하는 것은 아직도 그의 가장 큰 열정이다. 피오나의 가장 최근 프로젝트인 콤비Kombi는 뉴욕에 기반을 둔 플랫폼으로, 남아프리카의 예술가들과 디자이너들의 활동을 지원하고 있다. 어린 시절을 산과 함께 보낸 그는 넓게 펼쳐진 풍경과 조용한 방이 단순히 고독을 제공하는 것 이상의 의미를 갖는다는 것을 잘 알고 있다.

"이 집은 정말로 내 영혼이 숨 쉴 수 있도록 해줬어요. 텅 빈 공간은 마음껏 꿈꾸게 하는 특별함이 있죠."

▲ 층고가 높고 시원한 2층 공간은 1층의 해체적 역사주의 스타일에서 벗어나, 시대와 양식을 넘나드는 섬세한 직물과 소박하고 진솔한 가구들로 꾸며졌다. 사진 속 내털리 게럴스(Natalie Gehrels)가 디자인한 세라믹 침대 옆 탁자가 그 예다.

▶ 피오나는 버려진 19세기 헛간을 새하얀 박스 형태의 갤러리 겸 작업 공간으로 개조했다. 뉴욕을 기반으로 활동하는 섬유 예술가 메구미 샤우나 아라이와 같은 동료들에게 이 공간을 대여해주고 있다.

엥가딘 계곡의 제비 집

노트 비탈

스위스, 센트

◀ 산으로 둘러싸인 엥가딘 계곡의 풍경.

▶ 가족이 모이는 엥가딘 전통 가옥의 중심 공간 슈투바(Stüva)에는 이 지역에서 제작된 앤티크 테이블과 오리지널 비더마이어(Bidermeier) 스타일*의 뷔페장이 놓여 있다.

    1951년 어느 겨울 아침, 스위스 예술가 노트 비탈Not Vital이 세 살이었을 때다. 노트와 그의 형은 가족이 살던 센트Sent 마을의 집 앞마당에서 눈이 두껍게 덮인 땅 아래로 터널을 만들었다. 얼마 후, 형은 학교에 가야 했지만, 노트는 그 자리에 남아 맑고 깨끗한 공기의 향기와 압축된 눈을 통과해 굴절되는 눈부신 산속 햇빛에 완전히 도취되었다.
    노트는 회상한다.
    "물론 그 터널 안이 편한 공간은 아니었어요. 부모님이 계신 집 안으로 돌아가는 것이 훨씬 더 아늑했겠죠. 하지만 그 순간 나는 '이곳이 내 삶터다. 이곳이 내 집이다'라고 생각했어요."
    거의 20년 동안 '집'이라는 가장 기초적인 단어의 의미는 노트 비탈이 탐구하는 예술의 중심에 있었다. 2005년 그는 니제르의 사막 도시 아가데즈Agadez 외곽에 '석양을 바라보는 집'을 지었다. 약 13미터 높이의 이 건축물은 진흙과 짚 그리고 가축 분뇨로 만들어졌는데, 오직 사하라의 장엄한 하늘을 감상하기 위한 목적으로 설계되었다.
    10년 후 그는 동일한 구조물을 아마존 밀림 한가운데에 다시 만들었는데, 이번에는 지역에서 조달한 목재를 재료로 사용했다. 그리고 다시 스위스에서는 콘크리트를 이용해서 같은 개념의 집을 지었다. 알루미늄 버전은 곧 통가의 섬에 설치할 예정이며, 또 다른 버전은 몽골의 바람 부는 평원에 세울 계획이다.

*   1800년대 초 독일과 오스트리아에서 유행한 양식.
    실용적인 형태와 재료의 결을 드러내는 디자인이 특징이다.

▶ 노트는 형에게 상속된 집의 절반을 다시 사들인 후 곧바로 어린 시절의 모습 그대로 건물을 복원하는 작업에 착수했다.

▶ 식사 공간에는 앤티크 중국 의자와 1984년작 사이 트웜블리(Cy Twombly)의 석판화가 있고 그 위에는 노트가 대리석과 석고로 만든 2016년 풍경 작품이 벽면을 장식하고 있다.

◀ 주 욕실 중앙에 있는 대리석 욕조에서는 창밖으로 펼쳐진 산악 풍경을 한눈에 즐길 수 있다.

▶ 식당 옆의 예전 벽난로.

▶ 노트는 집을 복원하면서 여름용 베란다에 덧붙인 유리판을 철거하고, 공간을 자연에 그대로 개방했다. 겨울이면 눈이 들어와 이 반개방형 공간을 하얗게 채우곤 한다.

2017년 노트는 이 개념을 변형하여 인도네시아 동부의 외딴섬에 '세 개의 화산을 바라보는 집'을 지었다. 이번에는 현지의 전통 가옥에서 사용되는 대나무와 짚으로 내부를 장식한 순백색의 전망대 모습으로 디자인했다. 2008년 노트는 칠레 파타고니아의 얼음 호수 한가운데에 위치한 대리석으로 이루어진 섬을 구입했고, 자신의 어린 시절 기억 속 마법 같은 삶터를 연상시키는 약 55미터 길이의 터널을 파기 시작했다.

이 모든 공간은, 노트의 표현대로 '그저 머무를 수 있는 곳'이라는 어린아이 같은 감각에서만 '집'이라고 불릴 수 있다. 파리, 로마, 루카, 뉴욕, 베이징 그리고 최근에는 리우데자네이루에 이르는 여러 도시에서 노트는 전형적인 집에서 살아왔다. 그러나 그렇게 유목민 같은 삶을 살아왔음에도 그는 언제나 고향인 센트와 스위스 동부 엥가딘 계곡Engadin Valley의 장엄한 알프스 풍경 속으로 돌아왔다.

19세기부터 관광지로 알려진 엥가딘 지역은 이주민들의 터전이기도 하다. 노트의 말에 따르면, 이 계곡 출신 주민의 다수는 이탈리아에서 겨울 동안 커피하우스를 운영하며 생계를 유지했고, 그곳에서 번 돈으로 널찍한 석조 엥가딘식 집을 지었다. 이 지역에서 이들은 '제비'라고 불렸다.

노트는 말한다.

"제게 떠나는 건 새로운 일이 아니었어요. 그래서 아주 어릴 때부터 그것이 바로 제가 하게 될 일이라고 생각했죠."

열네 살이 되었을 때 노트는 고향을 떠나 기숙학교로 들어갔고, 이후 센트에서 온전히 거주한 적이 없다. 그러나 그는 단 한 번도 자신이 태어난 마을을 8개월 이상 떠나 있었던 적이 없다.

노트가 덧붙여 말한다.

"이 계곡 출신이라면, 언제든 다시 돌아오게 되어 있어요. 고향의 자연, 주변 환경, 언어, 이 모든 것이 금방 그리워지죠. 우리는 로망슈어를 사용해요. 스위스 인구의 1퍼센트도 쓰지 않는 언어죠. 모국어를 사용하려면 돌아와야 했어요."

오늘날 노트는 엥가딘 계곡에 부동산을 여럿 소유하고 있다. 그중에는 센트 외곽에 위치한 조각 공원, 인근 마을 아르데츠Ardez에 자리한 그의 재단 건

물, 두 지역의 중간쯤 언덕 위에 위치한 11세기 성이 포함된다. 그러나 노트에게 있어 가장 중요한 기준점은 언제나 가족이 함께하는 집이었다.

1946년 이 집은 비탈 가족의 소유가 되었다. 노트의 아버지는 목재 산업으로 안정적인 생활을 꾸려가던 중, 센트 출신의 '제비'로부터 이 집을 구매했다. 이전 집주인은 1920년에 이 건물을 개조해, 지금은 노트의 작업실로 사용하는 오래된 헛간을 당시에는 댄스홀로 만들었다. 비탈 가족은 원래 마을 중심부에서 더 가까운 곳에 살고 있었지만, 어머니는 넓은 공간과 탁 트인 전망을 꿈꾸었다.

"어머니는 항상 1946년 5월 1일, 이 집으로 이사한 날이 인생에서 가장 아름다운 날이었다고 말씀하셨어요. 그리고 결국 이곳에서 100세의 나이로 생을 마감하셨죠."

이후 노트와 그의 형이 함께 이 집을 상속받았고, 각자의 공간을 마련할 수 있도록 나눠 개조했다. 그리고 2019년 노트는 형의 몫까지 구입하면서 집 전체의 소유권을 갖게 되었다.

"바로 그날부터 집을 원래의 모습으로 되돌리는 작업을 시작했어요. 제가 어린 시절 기억하던 그 집을 되찾고 싶었거든요."

노트는 집을 원래의 모습으로 되돌리기 위해, 추가로 설치된 두 번째 부엌을 철거하고 여름 베란다를 둘러싸던 벽을 허물었다. 이곳은 여름이면 세계 각지에서 찾아온 친구들을 초대하는 저녁 파티 공간이 되고, 겨울 폭풍이 몰아칠 때는 아마존과 사하라 사막의 감시탑처럼 자연에 그대로 노출되어 눈이 가득 쌓인다.

노트는 어느 날이든 어디에서 잠을 잘지 전혀 예측할 수 없다고 말한다. 그가 머물 곳은 센트의 집뿐만 아니라 아르데츠의 거처나 언덕 위의 성이 될 수도 있다.

사실 그는 집에 방이 몇 개 있는지 세어본 적도 없다며 이렇게 농담을 던진다.

"어디서부터 시작해야 할지도 모르겠어요. '방'이란 뭘까요? 문이 달린 모든 공간을 방이라고 할 수 있나요?"

노트는 심지어 센트의 집에서도 하룻밤 사이에 여러 침실을 옮겨 다니며 잔다.

"한곳에서 잠들었다가 새벽 3시에 다른 방으로 옮겨가죠. 잠에서 깬다는 건, 곧 움직일 시간이 되었다는 뜻이니까요."

그는 자신의 집에서도 여전히 유목민처럼 살아간다.

센트에 있는 이 집은 결국 노트에게 있어 '경의'이자 '고향'이며, 엥가딘 계곡에 대한 '로망'이기도 하다. 아이러니하게도, 이 계곡이 지닌 강한 중력은 그를 끝없이 유랑하게 만드는 동시에, 언제나 결국 이곳으로 돌아오게 하는 힘이다. 엥가딘은 세계와 단절된 변방이면서, 역설적으로 노트에게는 세상의 중심이다.

"한쪽을 보면 사람들이 독일어를 쓰고, 다른 쪽을 보면 이탈리아어를 사용하죠. 완전히 다른 나라, 다른 언어예요. 엥가딘의 경계를 넘어서면 완전히 다른 세계가 펼쳐집니다."

베란다에서 바라보면, 산들이 거대하게 솟아올라 지평선을 가로막는다. 이곳과 세상의 다른 모든 곳을 가르는 아찔한 장벽처럼 보이기도 한다. 노트는 여전히 어린 시절의 호기심과 가능성을 간직하고 있다.

"이곳에서 나는 저 산 너머의 또 다른 삶을 바라볼 수 있어요."

노트는 어머니의 예전 침실을 손보면서 엥가딘 계곡 전통 건축 양식의 특징인 소나무 원목 벽면 패널을 원래 모습대로 복원했다.

스위스 센트에 있는 노트의 집 식당.

노트의 모국어이자 전 세계에서 5만 명도 채 안 되는 사람들이 사용하는 언어인 로망슈어에는 이런 말이 있다. "만약 신이 지상에 산다면, 그분은 엥가딘에 살 것이다."

공동체의 유산을 복원하다, 미니와와

크리스티아나 마브로마티스와 스콧 아널드

미국 뉴욕, 욘테오라 공원

◀ 헌터 마운틴 스키 리조트에서 멀지 않은 미니와는 1887년 예술가들의 공동체로 시작된 유서 깊은 온테오라 클럽의 일부다.

▶ 기존 건물에 소규모로 증축된 주방은 인테리어 디자인 스튜디오 저지아이스크림(Jersey Ice Cream Co.) 덕분에 현대적인 편리성과 수공예적 미학을 조화롭게 아우르며 우아한 균형을 이뤄냈다.

크리스티아나 마브로마티스Christiana Mavromatis와 그의 남편 스콧 아널드 Scott Arnold는 뉴욕 캐츠킬산맥에 위치한 자신들의 여름 별장이 될 집을 처음 마주한 날을 생생히 기억한다. 그날은 4월의 쌀쌀한 날이었다. 여름이면 촉촉한 초록색 이끼가 푹신한 카펫처럼 두껍게 깔리는 집 앞마당은 눈으로 뒤덮여 있었다. 진입로를 따라 늘어선 단풍나무에서는 수액이 천천히 흘러내리고 있었다.

크리스티아나와 스콧은 브루클린 파크슬로프Park Slope에 있는 집에서 즉흥적으로 출발했다. 부부는 뉴욕 업스테이트 지역에서 리모델링이 필요한 집들을 구경하던 중 우연히 이 저택을 발견했다. 처음엔 두 사람 중 누구도 진지하게 구매를 고려하지 않았다.

크리스티아나는 말한다.

"우리는 이런 종류의 집을 살 사람이 아니었어요. 완전히 말도 안 되는 일이었죠. 하지만 진입로를 따라 들어서는 순간, 이곳은 마법처럼 느껴졌어요."

브루클린에서 이곳까지는 세 시간도 채 걸리지 않았지만, 마지막 26킬로미터 구간에서는 해발 580미터까지 언덕을 올라가야 했고, 이곳 기온은 해수면보다 평균 15도 낮았다. 이 집은 19세기 말 여관으로 지어졌고, 20세기 초에는 개인 주택으로 개조되었다. 그러나 겨울철 단열 공사가 한 번도 이루어진 적이 없었다. 집 안은 얼음장처럼 차가웠고, 마치 시간이 멈춘 듯 고요했다. 차가운 봄 공기가 공간 전체를 감싸며 시간의 흐름까지 느리게 만든 듯했다.

일곱 개의 침실 매트리스 위에는 신문지가 깔려 있었다. 원래 이 건물은 3층 구조였고, 대부분 여관 투숙객이 머물렀다. 3층은 20세기 중반 어느 시점에 철거되었다. 옷장 안에는 수십 년 된 침구들이 수북이 쌓여 있었고, 서랍장 위에는 가루 같은 먼지가 내려앉아 있었다. 액자 속 오래된 사진과 얇

스콧과 크리스티아나의 복원에 대한 안목은 미드센추리 안락의자 같은 현대적 가구들과 적절하게 결합되어 집 안 곳곳에 배치되었다.

◀ 원래 온테오라 지역사회를 위한 여관으로 지어진 이 집은 20세기 중 언젠가 3층이 철거되었다. 현재 2층에는 침실 일곱 개가 있다.

은 종이에 인쇄된 전보들에서 이 집의 과거를 엿볼 수 있었다.

스콧이 말한다.

"이 집에는 130년을 거슬러 올라가는 가족 족보가 있어요. 그리고 이제, 우리도 거기에 이름을 새겼죠."

이 집의 역사는 1887년 설립된 예술가 공동체 '온테오라'Onteora에서 시작되었다. 이 공동체는 뉴욕에서 활발히 활동하던 섬유 디자이너 캔디스 휠러 Candace Wheeler와 그의 남동생 프랜시스 서버Francis Thurber가 설립했다. 초창기 온테오라는 마크 트웨인Mark Twain, 화가 조지 벨로스George Bellows, 환경운동가 존 버로스John Burroughs 같은 작가, 예술가, 사상가를 주로 맞이했다. 이들은 뉴욕에서부터 긴 여정을 거쳐, 사람의 손길이 거의 닿지 않은 캐츠킬산맥의 자연 속으로 들어와 별빛 아래에서 캠핑을 즐겼다.

크리스티아나와 스콧의 집은 당시 온테오라를 찾은 초창기 손님들을 위한 숙소로 지어졌으며, 오랫동안 지역 공동체의 중요한 일부로 자리 잡아왔다. 현재 온테오라 공동체에는 약 65가구가 거주하고 있다.

크리스티아나는 말한다.

"비 오는 날 이 집의 무도회장에서 자전거 타는 법을 배웠다는 사람도 있었고, 여기 정원에서 낙엽을 긁어모으는 일이 첫 아르바이트였다고 말하는 나이 든 어르신들도 있었어요. 그래서 우리는 이곳의 단순한 거주자가 아니라, 이 유산을 이어가는 '관리자'가 된 것 같은 느낌이에요."

집을 구입한 후 스콧과 크리스티아나는 본격적인 복원 작업에 돌입했다. 이 집과 주변 환경이 지닌 역사적 정체성을 존중하는 것이 가장 중요한 고려 사항이었다. 집의 외벽을 감싸고 있던 솔송나무 껍질 널빤지 사이로 햇빛과 눈이 스며들고 있었고, 그 아래 구조는 이미 반쯤 썩어가고 있었다.

1층의 무도회장에는 놀랍도록 잘 보존된 벽판 마감재wainscoting와 19세기 후반 유럽에서 수입한 가구의 포장재로 사용되었던 삼베의 낡은 흔적이 있었다. 당시에는 이 삼베를 벽지 대용으로 재활용하는 경우가 많았다. 두 사람은 벽을 복원할 때 이 마직물의 본래 질감을 최대한 재현하고자 노력했다. 대학 시절 텍사스에서 직접 나무 바닥을 직접 깔았던 경험이 있는 스콧은, 천장을 사포질하고 색올림하는 작업에 오랜 시간을 쏟았다.

스콧은 농담처럼 말한다.

"여긴 나만의 시스티나 성당이에요."

그는 또한 가까운 마을인 태너스빌Tannersville에서 빈티지 조명과 가구를 찾아다녔다. 그리고 당시 시대에 맞는 천을 사용해, 집 안 곳곳에서 발견한 좀먹은 오래된 가구들을 복원했다. 이들 중 상당수는 기름천과 먼지로 덮여 있었지만, 부부의 손길이 닿은 후 점차 아름다움을 회복했다.

스콧과 크리스티아나는 이 집에서 코닥크롬Kodachrome* 필름 사진과 각종 문서들을 찾아냈는데, 그 안에서 희망과 비극이 뒤섞인 수많은 이야기를 발견했다. 군대 제대 서류, 수표 장부, 결혼 축하 편지 등이 있었고, 짧은 기록만 남아 있는 아기 일기장에는 감히 상상하기 힘든 상실감이 스며 있었다.

"이건 동화 속 이야기가 아니에요. 시련과 고난, 축하와 애도가 모두 공존하고 있어요. 바로 진짜 삶의 이야기죠."

현재 이 집은 크림과 황토 색감의 인테리어, 돌담, 투박한 나무 식탁 그리고 등나무로 짠 흔들의자로 꾸며져 있다. 스콧과 크리스티아나는 이 공간에서 가족 간에 많은 추억을 만들 뿐 아니라, 이 집이 지니고 있는 오래된 이야기를 함께 간직하려고 한다.

크리스티아나와 스콧 그리고 두 아이에게 캐츠킬산맥에 있는 이 집은 단순히 여름 주말을 보내는 별장이 아니다. 산길을 따라 집으로 향하는 동안, 그들은 언제나 차창을 내리고 언덕을 타고 쏟아져 내리는 폭포수의 차가운 물안개를 깊이 들이마신다. 이것은 마치 완전히 다른 세계로 들어서기 전 느끼는 첫 경험과 같다.

6월과 7월의 긴 여름날 동안 가족은 집에 찾아온 친구들을 위해 저녁 파티를 열거나 호숫가에서 피크닉을 즐긴다. 숲속을 하이킹하거나 카누를 타며 시간을 보내기도 하고, 때로는 고사리로 둘러싸인 마당을 거니는 사슴, 여우 그리고 가끔 나타나는 곰을 관찰하기도 한다.

크리스티아나는 말한다.

"이곳에서는 항상 할 일이 있어요. 장작을 쌓는 것만 해도 하루 종일 걸리는 작업이고, 정원에 꽃 구근을 심는 일도 끝이 없죠."

---

* 코닥사가 1935년부터 판매한 카메라 컬러 필름.
상업적으로 흥행하면서 컬러 사진의 보급을 이끌었다.

이렇게 자유롭고 활기찬 삶의 방식은 이 부부가 이토록 야심찬 프로젝트에 도전하게 만든 중요한 요소 중 하나였다. 부부는 2010년 브루클린 파크슬로프에 위치한 타운하우스를 리모델링하기도 했지만, 이 집은 그것과는 비교할 수 없는 상당한 헌신과 의지를 필요로 했다. 그러나 이 집은 단순히 그들의 창의적 욕구를 충족시키기 위한 것 이상이었다. 이 집은 아이들에게 '노동'에 대한 중요한 교훈을 가르치는 과정이기도 했다.

스콧은 말한다.

"우리는 아이들에게 용기를 내고, 도전하며, 창의적인 사고를 실천하는 것이 가치 있는 일이라는 걸 보여주고 싶었어요. 그리고 그 모든 것에 정말, 정말 열심히 노력까지 더한다면, 결국 아름다운 무언가를 만들어낼 수 있다는 것도 가르쳐주고 싶었죠. 우리가 무모하다고 생각할 수도 있고, 낭만적이라고 생각할 수도 있겠지만요."

어쩌면, '무모함'과 '낭만'은 결국 같은 의미일지도 모른다.

◀ 사진 속 식사 공간에 보이는 집 안 곳곳의 나무 천장은 스콧이 오랜 시간을 쏟았다. 그는 하루에 11시간씩 누운 채 작업하곤 했다. "여긴 나만의 시스티나 성당이에요." 스콧은 농담처럼 말한다.

▲ 직물과 벽지를 복원하면서, 크리스티아나와 스콧은 뉴욕에서 활발히 활동하던 시절 온테오라를 공동 설립한 디자이너 캔디스 휠러를 떠올리게 하는 패턴들을 찾아 나섰다.

▲ 정원에서 자란 꽃을 말려 침실 한 켠의 앤티크 테이블 위에 올려놓았다.

▶ 크리스티아나의 어머니가 영국 여행 중 구입한 카펫 양옆에는 한 쌍의 빈티지 가죽 의자가 나란히 놓여 있다.

파타고니아의 은신처

프란시스 말만

아르헨티나, 라플라타 호수

◀ 검은 금속 외장으로 마감된 프란시스의 섬 위 게스트하우스들은, 원래 그가 출연한 여러 TV 요리 프로그램을 위한 촬영 세트로 지어졌다가 파타고니아 외곽으로 옮겨진 것이다.
지금은 눈 덮인 풍경 속에 마치 그림자처럼 고요하게 서 있다.

▶ 식당 안 선반에는 잘토의 와인잔과 베르나르도 도자기가 나란히 놓여 있다. 프란시스의 열한 개 레스토랑 중 하나에서 사용되던 의자들이 그가 직접 꿰맨 가죽 테이블보를 덮은 테이블 주위에 둥글게 배치되어 있다.

아르헨티나의 저명한 셰프 프란시스 말만Francis Mallmann에게 만약 다른 삶이 주어진다면 그는 아마도 쿠튀리에couturier*가 되었을 것이다. 프란시스가 칠레와 아르헨티나 국경의 험준한 산악 지대에 위치한 외딴섬에 만든 오두막들에는 직물이 곳곳에 널려 있다. 그의 옷장은 프랑스산 리넨 천으로 가득 차 있고, 현관의 갈고리에는 양모 숄이 걸려 있으며, 구름처럼 부드러운 침대에는 이탈리아산 면 시트가 덮여 있다. 본관의 단순하지만 고급스러운 식당에서는 새하얀 설경에 반사된 날카로운 햇살이 그가 직접 꿰맨 둘세 데 레체dulce de leche 색상의 가죽 테이블 커버 위로 길게 뻗어 나간다.

조용하면서도 우아함이 깃든 공간에 있는 모든 것은 프란시스가 직접 선택했다. 거미줄처럼 섬세한 잘토Zalto 와인잔과 코발트 꽃무늬가 새겨진 프랑스 베르나르도Bernardaud 도자기가 선반을 가득 채우고 있다. 총탄 연기를 연상시키는 향이 감도는 홍차 랍상소우총Lapsang Souchong과 콜롬비아 커피 원두가 담긴 병들이 사이프러스 나무 조리대 위에 나란히 정렬되어 있다. 이 모든 것은 수십 년 동안 프란시스의 삶을 이끌어온, 때로는 이해하기 어려울 만큼 넓고도 집요한, 그만의 '아름다움에 대한 사랑'을 고스란히 보여준다.

프란시스는 쓸쓸하면서도 익살스러운 미소를 지으며 이렇게 말한다.

"인생에서 모든 것을 다 가질 수는 없어요. 하지만 언제나 꿈은 꿀 수 있죠."

하지만 프란시스보다 그 꿈에 더 가까이 다가간 사람은 거의 없을 것이다. 67세인 그는 지금까지 일곱 권의 요리책을 출간했고, 열두 채의 집을 지었으며, 1983년부터 2013년까지 30년 동안 TV 요리 프로그램에 매주 출연했다. 그는 시집을 모으며, 앤티크 카펫과 현대미술 작품을 모은다. 직접 수채화를 그리고 기타를 연주한다. 바느질과 꽃꽂이까지 즐기며, 예술적인 감각을 일

* 고급 맞춤 의상 디자이너.

▶ 섬에서 멀지 않은 육지, 숲을 빠르게 흐르며 물가로 이어지는 빙하 개울 옆 공터에서 프란시스의 팀이 점심 식사를 준비한다.

상의 다양한 영역에서 펼쳐 보이고 있다. 또한 그는 세 개 대륙에 걸친 열한 개의 레스토랑과 파타고니아, 우루과이, 프랑스 남부에 흩어진 여섯 개의 집을 끊임없이 오가며 여행한다. 그 와중에도 그는 새벽의 어두운 시간을 활용해서 비스콘티Visconti, 펠리니Fellini, 키에슬로프스키Kieślowski의 영화를 깊이 탐구하며 영감과 사색의 시간을 갖는다.

프란시스의 수많은 열정 중에서도 가장 두드러지는 것은 어린 시절부터 시작된 요리에 대한 사랑이다. 그는 북부 파타고니아의 리조트 도시 바릴로체Bariloche에서 성장했다.

프란시스는 이렇게 회상한다.

"집에서 차를 마시는 시간은 마치 종교 의식과도 같았어요."

프란시스의 어머니는 음악가, 생물학자, 수학자 들을 집으로 초대해 파티를 열곤 했다. 이들은 그의 아버지가 속한 지역 대학을 통해 세상의 끝자락 같은 바릴로체로 오게 된 사람들이었다. 프란시스의 레스토랑에 대한 특별한 사랑도 독일 출신 남작과 그의 아내가 운영하는 바릴로체의 작은 비스트로에서 시작했다.

"처음 그곳에 갔던 때가 아직도 기억나요. 아마 여덟아홉 살쯤이었을 거예요. 나무 아래 자리 잡은 야외 테이블, 깔끔한 하얀 식탁보, 흐르는 음악과 시원한 그늘, 이 모든 분위기가 정말 충격적이었죠. 음식은 전혀 기억나지 않지만 분위기만큼은 확실히 제 기억에 각인되었어요. 저는 음식보다 인테리어를 보러 레스토랑을 다녔던 것 같아요."

1986년 프란시스는 처음으로 산으로 둘러싸인 라플라타La Plata 호숫가를 찾았다. 이 호수의 경이로운 아름다움에 대해 이미 들은 바 있었던 그는 친구와 함께 호수 서쪽 끝에 있는 약 6만 제곱미터 크기의 작은 섬에서 캠핑을 했다. 이는 칠레 국경을 넘어오는 소 떼를 피하기 위해서였다.

2년 후, 프란시스는 바릴로체에서 목재를 가져오기 시작했다. 파타고니아 남부 지역에서는 벌목 허가를 받을 수 없었기 때문이다. 그는 이 목재를 이용해 소박한 오두막을 짓기 시작했고, 완성까지 5년이 걸렸다.

프란시스는 이렇게 회상한다.

"그곳에서 처음으로 따뜻한 물로 샤워한 날, 그냥 울었어요. 믿을 수가 없

프란시스가 점심을 차리는 개방형 쉼터에는
앤티크 담요들이 드리워져 공간에
포근함을 더한다.

◀ 섬을 대중에게 개방하기 전,
프란시스는 30년 동안 가족과
가까운 친구들과만 이곳을 찾았다.
그 시간 동안 그는 나무 오두막과
사진에 보이는 장작 창고 같은
몇 채의 간단한 구조물을 지었다.

◀ 손님들이 도착하는 부두 위에 자리 잡은
프란시스의 아파트 욕실에는
커다란 비누 조각, 몸을 담글 수 있는 욕조,
황토색 리넨으로 만든 커튼이 있다.

프란시스는 오랜 시간 직물과 장식에 깊은 애정을 품어왔다. 이는 손님방에 가득한 다채로운 패턴과 색상에서도 여실히 드러난다.

었죠."

30년 동안, 이 섬은 점점 더 바빠지는 그의 직업적 삶에서 벗어날 수 있는 안식처이자, 점점 늘어나는 가족을 한데 모을 수 있는 공간이 되어주었다. (현재 그는 네 명의 여성 사이에서 태어난 일곱 명의 자녀를 두고 있으며, 이들의 나이는 네 살부터 마흔한 살까지 다양하다.) 2015년 넷플릭스 시리즈 '셰프의 테이블'Chef's Table 첫 시즌이 성공을 거둔 후, 프란시스는 대부분의 촬영을 했던 이 섬을 방문하겠다는 요청과 워크숍 문의를 받기 시작했다.

언제나 일을 벌이는 것을 좋아하는 프란시스는 2017년 자신의 안식처를 손님들에게 개방하기로 결심하고, 과거 자신의 TV 프로그램을 위해 제작한 세트용 오두막을 가져와 호숫가에 재조립했다. 검은색 물결무늬 금속 패널로 덮인 오두막들은 마치 눈보라 속 그림자처럼 서 있으며, 내부는 하얗게 칠해져 있어 고급스러우면서도 거칠고 투박한 매력을 동시에 지닌다. 현관에는 도끼들이 걸려 있고, 겨울에는 커다란 소파가 놓인다. 이곳은 책을 읽고, 차를 마시고, 위스키를 즐기기에 딱 알맞은 곳이 되며, 넓은 창을 통해 호수와 산맥의 절경을 감상하는 동안 스며드는 냉기를 막아주기도 한다.

그로부터 1년 후, 프란시스는 자신만의 스튜디오와 생활 공간을 부두 위에 직접 지었다. 이곳은 방문객들이 도착하는 최종 목적지로, 그들이 도달하기까지의 여정은 쉽지 않다. 먼저 부에노스아이레스에서 황량한 해안의 석유 도시인 코모도로리바다비아Comodoro Rivadavia까지 비행기를 타고 이동한 뒤, 서쪽으로 여섯 시간 동안 차를 타고 끝없이 펼쳐진 거친 파타고니아 평원을 가로질러야 한다. 그리고 마지막으로 안데스산맥의 눈 덮인 봉우리 사이로 구불구불 이어지는 라플라타 호수의 반짝이는 수면을 따라 한 시간 동안 배를 타고 나아가야 비로소 도착할 수 있다.

프란시스의 방은 그의 끝없는 미적 탐구를 기리는 성소와도 같다. 서쪽 벽을 따라 길게 뻗은 책상 위에는 존 뮤어John Muir, 윌리엄 블레이크William Blake, 카를 마르크스Karl Marx 그리고 클라리시 리스펙토르Clarice Lispector의 책들이 나란히 놓여 있다. 그 옆으로는 낸 골딘Nan Goldin, 에밀리오 푸치Emilio Pucci, 외젠 들라크루아Eugène Delacroix 그리고 티에라델푸에고Tierra del Fuego 원주민들에 관한 단행본들이 자리하고 있다. 연한 분홍빛 안경은 리버티 오브 런던Liberty of London의 패브릭 견본이 담긴 바구니 속에 놓여 있고, 파스텔 색 연필이 수채화 물감으로 얼룩진 도자기 접시 위에 흩어져 있다.

부엌에는 3리터 사이즈의 코냑과 샤르트뢰즈Chartreus*가 태양처럼 선명한 카나리 옐로 색상의 영국 도자기와 나란히 서 있다. 바닥에는 19세기 영국

철도 건설자들이 아르헨티나 산티아고델에스테로Santiago del Estero 내륙 지역에 들여온 꽃무늬 앤티크 울 담요가 깔려 있으며, 또 다른 담요들은 통나무 벤치 위에 걸쳐져 있다. 그 공간은 단 두 개의 나무 벽과 지붕 그리고 열린 화덕 자리를 갖춘 단출한 구조이지만, 그 안에서 감상하는 안데스산맥의 절경만큼은 그 어떤 공간보다도 웅장하다.

그리고 음식이 있다. 숯불에서 갓 꺼낸 뜨거운 양파, 비트, 고구마, 화로에서 노릇하게 구운 폴렌타polenta 조각 그리고 일명 '웰컴 케이크'다. 이 케이크는 햄과 치즈가 들어간 타르트에 바삭한 올리브유 반죽과 거품 낸 달걀을 올리고 가볍게 설탕을 뿌린 요리로, 프란시스의 할머니가 몬테비데오에서 잠시 운영했던 찻집의 레시피를 변형하여 만든 요리다. 그러나 이곳에서 요리는 그 자체가 중심이 아니다.

이곳의 집들이 단순한 주거 공간이 아닌 것처럼, 음식도 그가 만들어낸 하나의 예술 작품의 일부다. 모든 요소가 함께 어우러져 끊임없이 우아하면서도 때때로 혼란스러운 총체적 예술Gesamtkunstwerk(바그너가 그의 엄청난 야망이 담긴 오페라를 설명하기 위해 만든 개념으로, '완전한 예술 작품'을 의미한다)을 형성한다. 프란시스의 삶 자체가 바로 하나의 총체적 예술이며, 그것은 그가 세상에 내맡길 수도, 완벽히 통제할 수도 있는 작품이다.

프란시스가 누구보다도 깊이 이해하는 풍경 속에서 오랜 세월 동안 발전해온 이 섬은, 그의 삶과 예술적 작업이 절정에 이른 장소다. 이곳은 렝가lenga, 코이우coihue, 니레nire 같은 토착 나무들에 둘러싸여 그가 사랑하는 모든 것, 즉 사람과 장소, 맛과 향 그리고 촉감이 하나로 어우러지는 공간이다.

그러나 이 섬은 단순한 창작의 공간을 넘어, 프란시스가 어린 시절 안데스산맥에서 배운 '침묵의 언어'를 가장 순수하게 표현한 장소이기도 하다. 프란시스는 그것을 "지형, 호수, 강, 바람, 태양, 눈, 숲과의 대화"라고 설명한다. 이 모호하고 광범위한 언어는 자연과 모든 창작 행위를 규정하는 끊임없는 변화의 '조급한 모국어'와도 같다. 그는 이를 설명하려는 듯 "요리와 같아요"라고 말하고는, 이내 어깨를 으쓱하며 미소 짓는다. 더 이상의 설명은 필요 없다는 듯, 그는 말을 아낀다.

"이건, 그냥 신비로운 거예요."

---

* 브랜디와 약초를 섞어 만든 연녹색 또는 황색의 술.

모호함의 즐거움, 달의 집

마우리시오 페소와 소피아 본 에릭사우센
칠레, 융가이

◀ 칠레 안데스산맥 자락에 자리한 '달의 집'은 경사진 언덕 위에
약 75미터 정사각형 형태로 배치되어 있다. 긴 외관을 따라
반복적으로 배치된 정사각형 창문들은 내부 각 공간의 쓰임을
거의 드러내지 않는다.

▶ 마우리시오와 소피아는 건축가이며 동시에 예술가다.
이곳은 소피아의 재봉실로, 마우리시오가 아내의
독서하는 모습을 그린 초상화 여섯 점이 걸려 있다.

    2020년부터 약 1년 반 동안 전 세계가 팬데믹으로 인해 봉쇄되었을 때, 건축가 마우리시오 페소Mauricio Pezo와 소피아 본 에릭사우센Sofía von Ellrichshausen은 자신들만의 세계를 만들기 위한 여정에 나섰다.
    매일 아침, 그들은 칠레 안데스산맥 기슭에 자리한 약 110만 제곱미터 규모의 부지에 임시 거처로 만들어놓은 오두막에서 나와 칠판에 그날 할 일을 적으며 하루를 시작했다. 치수를 표시하면서 L자 형태의 블록을 그리기도 하고, 조각으로 나뉜 불규칙한 나선형 구조를 스케치하거나, 계단을 가장 기본적인 형태로 단순화한 스케치를 남기기도 했다. 그 기초적인 도면을 바탕으로, 건축 팀은 나무 거푸집을 세우고 그 안에 거칠고 질감이 그대로 드러나는 콘크리트를 채웠다.
    "그 칠판은 마치 동네 구멍가게나 식료품점 앞에 걸려 있는 '여기 빵 있습니다'라고 적힌 칠판 같았어요."
    이렇게 회상하는 소피아는 아르헨티나 파타고니아 북쪽 경계에 위치한 산악 도시 바릴로체 외곽에서 성장했다.
    마우리시오는 이렇게 덧붙인다.
    "우리가 한 프로젝트는 '전통 건축'도 아니었어요. 전통 건축에는 기술과 소명, 장인 정신이 필요한데, 여기에는 그런 것이 없어요. 그저 원초적인 기술만 있을 뿐이죠."
    점차적으로, 마우리시오와 소피아 그리고 팀원들(대부분이 엄격한 봉쇄 조치로 인해 도시에서 일자리를 잃고 고향으로 돌아온 이 지역 출신의 가족들이었다)은 경사진 지형 위에 가로세로 약 75미터의 정사각형 형태를 이루는 열두 개의 연결된 건축물을 하나씩 맞춰나갔다. 비대칭적인 십자 형태로 배열된 거주 공간과 이동 공간이 중심을 가로지르면서 네 개의 안뜰을 형성했다. 각각의 안뜰에는 각종 과일나무와 수양버들이 그늘을 드리운 원형 석

◀ 복합 단지의 스튜디오 건물에 위치한 이 회의실처럼 건축가들은 주거 가능한 실내 공간의 단열재 위를 시공 당시 거푸집으로 사용했던 낡은 나무판자로 덮었다.

▲ 집 전체에 걸쳐 있는 거대한 사각형 창문은 주변의 푸르름을 실내로 끌어들인다. 마우리시오와 소피아는 이 프로젝트를 구상하기에 앞서 하나하나 조사하고 지도에 기록했던 과수들을 포함한 풍경을 창문에 담아냈다.

건축가들이 디자인한 슬링 체어는
이 햇살 가득한 스튜디오 회의실을 비롯해
건물 전체 곳곳에서 사용되고 있다.

◀ 건축가의 집에 놓인 식탁 옆으로는 콘크리트
튜브 안에 감긴 나선형 계단이 이어져 있으며,
위층 다락 침실로 연결된다.

호, 무굴 정원의 수로처럼 길게 이어진 좁은 운하, 봄이 되면 라벤더와 밝은 오렌지색 양귀비가 만발하는 반半야생 꽃밭이 자리 잡았다.

　이 모든 공간을 포함한 '달의 집'Casa Luna 프로젝트는 도시의 한 블록과 맞먹는 넓이였다. 부부의 집과 사무실, 갤러리와 재봉실, 회화·조각 모델링·목공·드로잉을 위한 작업실, 방문 작가 및 협력자를 위한 세 채의 아파트 그리고 특정한 용도가 정해지지 않은 열두 개 이상의 간이 공간이 포함되어 있다. 이 거대한 프로젝트는 거주 공간을 넘어, 예술과 창작을 위한 하나의 실험적 건축물이 되었다.

　2002년 부부가 '페소 본 에릭사우센'Pezo von Ellrichshausen 건축사를 설립한 이후 진행해온 작업들과 마찬가지로 달의 집 역시 기념비적이면서도 수수한 건축물이 될 예정이었다. 고대 문자같이 생긴 구멍을 통해 숲과 하늘이 보이고, 내부는 건설 현장에서 재활용한 목재로 마감되었으며, 페인트가 거칠게 덧입혀져 있었다. 이 집은 한때 자급자족 농장이었던 땅 위에 지어졌는데, 가장 가까운 마을도 자갈길을 따라 약 32킬로미터 이상 떨어져 있다.

　마우리시오는 서쪽 약 125킬로미터 거리에 위치한 자신이 성장한 칠레 해안 도시 콘셉시온Concepción을 떠올리며 이렇게 설명한다.

　"칠레에서는 이런 곳을 '돈데 엘 디아블로 페르디오 엘 폰초'Donde el diablo perdió el poncho라고 해요. '악마가 판초를 잃어버린 곳'이라는 의미죠."

　이처럼 달의 집은 필연적으로 완벽하지 않은 공간이었다. 하지만 그것이 곧 이 집의 본질이기도 했다. 건축가들은 "이 집은 지어질 때부터 이미 오래된 집이었다"라고 말한다.

　2016년 부지를 매입한 후 처음 2년 동안, 부부는 그 땅을 그대로 내버려두었다. 그들은 2018년 11월부터 간헐적으로 시공업자들과 작업을 시작했으며, 1년 후 직접 건설을 맡아 2020년부터 본격적인 공사를 시작했다. 그들에게 땅을 판매한 두 형제 중 한 명은 계속 농사를 지으며, 신맛이 나는 체리, 포도, 아벨라나스avellanas라는 현지 밤나무 품종 등을 재배했다.

　당시 콘셉시온에 거주하던 부부는 가끔 부지를 방문하며, 과수원과 곧게 뻗은 라울리Raulí, 너도밤나무의 일종, 거대한 로블레Roble, 참나무의 일종 등의 위치를 세밀하게 기록했다. 첫 겨울, 그들은 빗물이 땅의 가장 낮은 지점에 모여

◀ 실내 화덕의 벽면은 사용한 지 불과 1년 만에 그을음으로 검게 물들었고, 장작 연기의 깊은 향이 배어 있다.

▶ 사진에 보이는 손님방 거실처럼, 빛과 그림자의 변화가 절제된 실내 공간에 생동감을 불어넣는다.

연못을 형성하는 모습을 관찰했다. 이 연못은 훗날 가장 큰 안뜰의 중심 요소가 되었다. 부부는 계절의 변화가 이 땅에 새겨지는 방식을 오랜 시간 동안 연구하며 집의 형태를 구상해나갔다.

콘셉시온의 집으로 돌아온 후, 부부는 이 복합 공간에 대한 이상적인 설계 계획표를 만들었다. 둘은 필요한 공간 목록을 작성하고, 각각의 공간 사이에 어느 정도 거리를 두어야 할지를 고민했다.

소피아는 이 모든 연역적 과정이 그들의 모든 프로젝트에서 동일하게 적용되는 방식이라고 설명하며 이렇게 말한다.

"이 프로젝트는 질문의 결과였어요. 태양은 어떻게 움직이는가? 바람은 어떤 방향으로 흐르는가? 무엇과 무엇을 가깝게 배치해야 하는가? 우리가 작업하는 공간에는 어떤 종류의 빛이 필요한가?"

이에 마우리시오는 이렇게 덧붙인다.

"설계란 하나의 퍼즐과 같아요."

질문들에 대한 답을 찾아갈수록 퍼즐의 형태가 서서히 드러나기 시작했다. 천장이 낮아도 되는 아파트들은 부지의 높은 곳에 배치되었다. 반면, 부부의 집은 아래쪽에 위치하게 설계했는데, 높이가 약 3미터 차이 나는 지형을 활용해 평평한 지붕선 아래에 다락 침실 두 개를 배치할 공간을 만든 것이다. 그들은 공간 전체가 하나로 연결된 구조로 느껴지도록 설계하는 동시에, 몇 달 동안 거주할 협력자들이 사생활을 침해받지 않도록 배려했다.

"우리는 이 풍경 속에서 하나의 단일한 구조를 원했어요."

소피아의 말에 마우리시오가 덧붙인다.

"공유된 고독의 느낌을 주고 싶었죠."

공간들이 유기적으로 연결되면서, 구조를 더욱 조화롭게 만드는 부수적인 요소들이 자연스럽게 떠올랐다. 두 개의 나선형 계단은 1층에서 지붕까지 이어지도록 설계했다. 하나는 콘크리트 튜브 안에 좁고 단단하게 감겨 있고, 다른 하나는 그 튜브 주위를 느슨하게 감싸면서 올라간다. 두 계단은 같은 출발점과 도착점을 공유하지만, 전혀 다른 오르는 경험을 제공한다.

실내 화덕의 벽은 그을음으로 검게 물들었으며, 강력한 나무 연기의 향과 사원의 장례용 제단을 연상시키는 의식적인 어둠을 연출한다. 또한 낮고 원통형인 도서관은 네 개의 원기둥 다리 위에 떠 있는 형태로 설계되었다. 네 개의 기둥 중 두 개는 동일한 계단을 포함하고, 나머지 두 개는 화장실과 세면대를 포함한다. 네 개의 반사되는 출입문은 마치 놀이공원의 '거울의 방'처럼 서로를 마주 보며 배치되었다.

일부 공간은 특정한 기능 없이 존재하는 것 자체가 목적이다. 어떤 방은 원래 자라던 나무를 중심으로 열린 공간으로 설계되었고, 어떤 방은 건축가들이 직접 그린 두 점의 캔버스를 전시하는 공간이 되었다. 또 어떤 방은 햇살이 가득한 안뜰로 이어지는 더 많은 길을 만들기 위해, 혹은 때때로 유령처럼 건물을 감싸는 안개 자락으로 연결되는 통로를 형성하기 위해 존재한다.

단일한 색감의 재료와 반복되는 기하학적 형태로 통일된 이 집은, 건축가들의 말대로 "중복, 단조로움 그리고 지연"이라는 개념을 기념하는 공간이 되었다. 이는 뚜렷한 목적을 가지지 않는 미로이자 결론 없는 공간, 투명성, 이동성, 효율성을 강조하는 모더니즘적 교리를 정면으로 거부하는 도발적인 선언이기도 하다.

이곳에는 이야기가 없다. 뚜렷한 입구와 출구도 없다. 시작과 끝도 없다. 대신, 이 공간은 모호함의 즐거움 그리고 경험 그 자체가 목적이 되는 것을 지향한다. 이곳에서 누리는 사치는 물질적인 편안함이나 정교하게 다듬어진 디테일과는 거의 관련이 없다.

마우리시오는 말한다.

"이곳에서 중요한 것은 건축의 완성도가 아니라 공기의 부피예요."

이에 소피아가 덧붙인다.

"왜냐하면 결국 공기를 통해 거리가 형성되면, 시간이 확장되거든요. 거리를 확장하면, 우리가 가장 부족하게 느끼는 자원인 시간을 늘릴 수 있어요."

구멍가게에 놓인 칠판에서 시작된 논의가 시간과 공간의 본질을 탐구하는 철학적 사유로 이어지는 이러한 도약은 어쩌면, 이 세상의 외진 구석에서 마우리시오와 소피아가 만들어낸 독창적인 우주의 본질인지도 모른다.

그러나 그러한 거리감에도 불구하고, 달의 집은 일상으로부터의 일시적인 피난처가 아니다. 이곳에서 시간은 멈추지 않는다. 산들은 단순한 풍경 속 배경이 아니다. 산들은 숲이 우거진 지평선 너머로 숨겨져 있어 집 안에서는 보이지 않는다. 많은 사람에게, 산을 방문하는 것은 탈출의 환상이자, 땅과 연결되는 꿈과도 같다.

그러나 마우리시오와 소피아는 이곳의 방문자가 아니다. 그리고 산에서 살아간다는 것은 단순한 거주가 아니라, 산의 지질학적 시간에 순응하는 삶을 의미한다. 달의 집은 단순히 공기의 움직임이나 태양의 궤적, 혹은 계절의 변화로만 시간을 측정하지 않는다. 이 집은 세월이 벽에 새겨지는 방식을 통해 시간의 흐름을 기록할 것이다. 마치 풍경의 오랜 삶을 기록하는 원초적인 도면처럼.

이곳은 마우리시오와 소피아가 작업하는 회화 스튜디오로, 이들은 이곳에서 대규모 추상화부터 야수파 풍경화, 그리고 향후 건축 프로젝트를 위한 정교한 입면도까지 다양한 캔버스를 펼쳐낸다.

전 세계에서 찾아와 마우리시오와 소피아와 함께 몇 달간 머물며 작업하는 레지던시 건축가들을 위해 마련한 세 채의 아파트 중 한 침실의 모습.

개방형 갤러리가 네 개의 안뜰 중 두 곳 사이를 분리한다.

5대륙 12개국의 특별한 보금자리 이야기 | 감사의 말

   이 책을 완성하는 데 도움을 주신 모든 분께 깊은 감사의 말씀을 드립니다. 제가 이 책에 대해 느끼는 자부심은 이루 말할 수 없습니다.

   먼저, 각자의 특별한 보금자리를 흔쾌히 공개해주신 집주인 여러분께 진심으로 감사드립니다. 여러분의 따뜻한 환대와 신뢰 덕분에 기대 이상의 훌륭한 결과물을 만들어낼 수 있었습니다. 제게 큰 영감을 준 모든 공간의 창의성과 뛰어난 감각에 대해 이 책을 읽는 독자 여러분도 같은 감동을 느끼시기를 바랍니다. 이 프로젝트에 함께해주셔서 진심으로 감사합니다.

   이 책의 모든 사진은 놀라운 재능을 가진 크리스 모탈리니 작가가 촬영했습니다. 크리스, 당신과 함께 작업할 수 있었던 것은 저에게 큰 행운입니다. 이 프로젝트 여정에 진정한 창작 파트너로서 동참해주셔서 감사합니다. 당신의 예술성, 안목 그리고 재능은 누구와도 비교할 수 없을 만큼 뛰어납니다.

   이 책의 모든 글은 탁월한 이야기꾼 마이클 스나이더가 집필했습니다. 그의 글은 이 집들에 생명력을 불어넣었고, 독자들이 공간과 그 안의 삶을 살아 있는 이야기로 느낄 수 있게 해주었습니다. 당신의 신뢰와 훌륭한 작업에 진심으로 감사드립니다.

   클락슨 포터Clarkson Potter 출판사와 제 편집자 에인절린 애덤스Angelin Adams께도 깊은 감사를 전합니다. 여러분의 지속적인 신뢰 덕분에 저는 제 자신에게 끊임없이 도전할 수 있었고, 그 결과 의미 있는 책을 만들 수 있었습니다. 당신과 같은 뛰어난 역량과 전문성을 지닌 편집자와 함께할 수 있어 정말 행운이라고 생각합니다. 이 여정 속에서 꿈을 실현할 수 있도록 해주셔서 감사합니다. 그리고 클락슨 포터의 뒤에서 묵묵히 애써주신 분들, 아트 디렉션과 북 디자인을 맡아주신 스테퍼니 헌트워크, 제니 데이비스, 브리짓 스위트, 킴 타이너, 다리안 킬스, 여러분의 노고는 책의 모든 페이지에 고스란히 담겨 있습니다.

또한, 이 책을 세상에 소개할 수 있도록 도와주신 나의 에이전트 니콜 투르텔로께도 감사드립니다. 팬데믹이 시작되던 시기에 전 세계를 여행하는 책을 기획한다는 건 결코 쉬운 일이 아니었습니다. 앤서니 드윗, 캐서린 커킨과도 함께 일할 수 있어 정말 행운이라고 생각합니다.

니노 모탈리니, 네팔 아삿타와시, 제프리 W. 밀러, 마이어 루스, 해나 마틴, 사쿠마 유미코, 톰 델라반, 페드로 알론소, 칫타와디 칫라봉스, 히데아키 이시이, 알렉스 티에기워커, 니키 클렌딩, 아일라 반 담므, 샐리 모탈리니, 앙드레 스카르파, 누누 멜루 소우자, 마이클 팀비오스, 프란시스코 베르순사, 헨리 페이건, 헬레나 페이건, 블레어 리처드슨, 페드루 페레이라, 캠런 스톤, 마리아 드 루인, 엔리케 페레스 로실레스, 최안나, 송해란, 하즈민 이달고, 에스테르 델가도, 루벤 다자, 모든 지원과 응원에 진심으로 감사드립니다.

다음으로 복잡한 여정을 조율하고 전체 프로젝트의 이동을 관리한 제이 아일랜드에게 특별한 감사를 전합니다. 당신이 없었다면 이 프로젝트는 이처럼 야심찬 시도가 되지 못했을 것입니다. 당신은 팬데믹이라는 초유의 상황에서 세 개의 다른 도시 출신인 세 명의 창작자가 1년 동안 5대륙 12개국을 여행할 수 있도록 이끌어주셨습니다. 거의 불가능해 보였던 일을 너무나 우아하고 너그럽게 해내신 당신께 깊이 감사드립니다. 고맙습니다, 친구!

나의 부모님께도 다시 한번 감사드립니다. 이 여정에 함께해주셔서 그리고 제게 어릴 때부터 여행과 탐험을 향한 사랑을 심어주셔서 감사드립니다.

마지막으로, 남편 마이크 라로카 Mike Larocca와 두 아들 울프 Wolf와 줄리안 Julian에게 가장 특별한 감사를 전합니다. 마이크, 당신 덕분에 저는 마음껏 꿈을 좇을 수 있었어요. 그 모든 순간에 함께해줘서 정말 고마워요. 울프와 줄리안, 너희들의 엄마가 되어 너희들이 자라고 세상을 탐험하는 모습을 지켜보는 것은 내겐 큰 축복이란다. 자연이 언제나 너희들의 안식처가 될 수 있다는 것을 이 책이 증명해주기를 바라며, 이 아름다운 세상에서 너희 각자의 모험을 찾기를 응원한다.

지은이 니나 프루덴버거 Nina Freudenberger

실내장식 디자이너이자 프루덴버거 디자인 Freudenberger Design의 창업자. 『서퍼들의 집』과 『예술가의 서재』를 썼다. 로스앤젤레스에서 개인 주택과 숙박업체 프로젝트를 맡고 있으며 러그, 직물, 벽지, 가구 등 다양한 인테리어 제품을 디자인하고 협업 제품을 선보이고 있다. 현재 캘리포니아에서 남편과 두 아들과 함께 살고 있다.

미완의 집, 완전한 삶:
산과 함께 살아가는 법 | 옮긴이의 말

팬데믹이라는 전례 없는 전환의 시기를 거치며, 우리는 이전보다 훨씬 자주 '자연'에 대해 이야기하게 되었습니다. 많은 이가 도시의 속도와 밀도를 벗어나 자신만의 쉼터를 꿈꾸었고, 그중 상당수는 산을 떠올렸습니다. 하지만 산은 단순한 피난처가 아닙니다. 인간이 자연을 정복하지 않고 그 흐름에 자신을 맞추어 살아갈 때, 비로소 진정한 의미의 '마운틴 하우스'가 태어납니다.

『마운틴 하우스』는 바로 그런 집들에 대한 기록입니다. 단순한 건축서나 인테리어 화보집이 아닌, '산과 함께 살아가는 법'에 대한 서사이며, 각기 다른 삶의 결과 철학을 품은 이들이 자연과 맺는 관계의 미학이자 윤리입니다. 스위스 온제르노네 계곡에 집을 짓고 살아가는 디노 피콜로는 "산에서 살기 위해서는 사는 방식, 생각하는 방식 그리고 존재 방식 자체를 바꿔야만 한다"고 말합니다. 그리고 바로 그 '방식'에 대한 이야기들이 이 책 안에 담겨 있습니다.

이 책의 집들 대부분은 자연과 협의하고 타협하며 존재합니다. 거창한 설계도 대신 땅의 기울기와 바람의 방향, 햇살이 드는 시간에 따라 집의 구조를 다듬어갑니다. 때로는 창문을 없애고 벽에 틈을 남겨두며 외부와의 연결을 차단하는 대신 적극적으로 자연을 집 안으로 초대합니다. 거대한 건축물이라기보다는 땅 위에 조심스레 얹은 삶의 흔적들처럼 보입니다.

놀랍게도, 이 집들 가운데 상당수는 아직 완성되지 않았습니다. 아니, 처음부터 완성을 바라지 않았다고 말하는 편이 더 정확할지도 모릅니다. 멕시코 테포스테코산맥에 사는 에마뉘엘 피코는 집을 완성할 생각이 전혀 (그리고 기쁘게도) 없다고 말합니다. 마치 고고학 유적지처럼, 이 집들 역시 자연의 시간 안에서 천천히 살아 움직이며 "늘 새로운 비밀과 친밀함을 드러내며,

언제까지나 이야기가 계속되는 공간으로 남을" 것입니다.

또한 이 책은 집이라는 공간을 통해 '노동'의 의미를 다시 묻습니다. 산속 집들의 주인들은 가족 또는 공동체와 힘을 합쳐 포도를 재배하고, 돌담을 쌓고, 장작을 쪼개는 일상을 살아갑니다. 이러한 노동의 반복 속에서 느끼는 기쁨은 화려하지 않지만 깊고 단단합니다. 그들은 무언가를 소유하는 것이 아니라, 스스로 자연의 일부로 존재하는 삶을 살아갑니다.

니나 푸르덴버거의 전작 『예술가의 서재』에서는 책과 함께 살아가는 이들의 사유 방식과 삶의 리듬을 들여다볼 수 있었습니다. 서재는 곧 집주인의 내면을 비추는 작은 우주였고, 책의 배열 하나, 소파의 위치 하나에도 개성과 취향이 배어 있었습니다. 이번 『마운틴 하우스』에서는 그 집들이 산으로 올라갔습니다. 단지 산속에 자리한 아름다운 집이 아닙니다. 완성보다 과정에 가치를 두는 삶의 태도이며, 단절이 아닌 교감, 소유가 아닌 존재를 택하는 조용한 선언입니다.

두 책은 우리에게 같은 질문을 던집니다. 당신은 무엇을 위해 존재하는가. 당신이 살아가는 공간은 어떤 이야기를 담고 있는가. 인간에게는 궁극적으로 자신만의 공간을 찾아가려는 본능이 있다고 생각합니다. 그것이 책이든, 산이든, 서재든, 오두막이든, 그 본질은 비슷할 것입니다. 자신을 감싸안으면서도 외부와 조화롭게 교감하고, 가장 솔직한 모습으로 머물 수 있는 장소. 바로 그런 곳을 우리는 각자의 방식으로 찾아가면 됩니다.

이 책을 읽는 독자들도 언젠가 자신만의 질문에 대한 답을 찾아 각자의 '산'을 만나기를 바랍니다. 그 산이 반드시 높은 고도에 있을 필요는 없습니다. 그것은 어쩌면 일상의 깊은 고요 속, 책 한 권이 놓인 책상 위일 수도 있습니다. 그리고 그 공간이 비록 미완이라도 어쩌면 그래서 더욱 아름다운 것인지도 모릅니다.

2025년 6월
노유연

옮긴이 노유연 盧唯蓮 Yooyeon Noh

미국 리하이대학교 Lehigh University에서 국제관계학과 경제학을 전공했고 이화여자대학교 국제대학원에서 국제통상학으로 석사학위를 받았다. 대외경제정책연구원에서 동아시아 경제협력 분야를 연구했다. 현재 출판사에서 외서 기획 및 번역을 하고 있다. 옮긴 책으로 『예술가의 서재』가 있다.

마운틴 하우스
산에 사는 사람들
그들은 왜 산으로 가는가

지은이 니나 프루덴버거
옮긴이 노유연
펴낸이 김언호

펴낸곳 (주)도서출판 한길사
등록 1976년 12월 24일
주소 10881 경기도 파주시 광인사길 37
홈페이지 www.hangilsa.co.kr
전자우편 hangilsa@hangilsa.co.kr
전화 031-955-2000-3 **팩스** 031-955-2005

부사장 박관순 **총괄이사** 김서영 **관리이사** 곽명호
경영이사 김관영 **편집주간** 백은숙
편집 박홍민 배소현 임진영
마케팅 이영은 **관리** 이희문 이진아 고지수
디자인 창포 031-955-2097
인쇄 예림인쇄 **제책** 경일제책사

제1판 제1쇄 2025년 7월 25일

값 45,000원

ISBN 978-89-356-7901-0 03600

● 잘못 만들어진 책은 구입하신 서점에서 바꿔드립니다.